·光明文丛系列·

光明文丛 Guangming Wencong series

U1019174

两汉治理
西域问题的个案研究

李 楠◎著

光明日报出版社

图书在版编目(CIP)数据

两汉治理西域问题的个案研究 / 李楠著. —— 北京 :
光明日报出版社，2023.2

ISBN 978-7-5194-7041-8

Ⅰ. ①两… Ⅱ. ①李… Ⅲ. ①西域—行政管理—历史
—研究—汉代 Ⅳ. ①D691.2

中国版本图书馆 CIP 数据核字(2022)第 253189 号

两汉治理西域问题的个案研究

LIANG HAN ZHILI XIYU WENTI DE GE'AN YANJIU

著　　者:李　楠

责任编辑:鲍鹏飞　　责任校对:傅泉泽

封面设计:张啸天　　责任印制:曹　净

出版发行:光明日报出版社

地　　址:北京市西城区永安路 106 号,100050

电　　话:010-63169890(咨询),010-63131930(邮购)

传　　真:010-63131930

网　　址:http://book.gmw.cn

E - mail:gmrbcbs@gmw.cn

法律顾问:北京市兰台律师事务所龚柳方律师

印　　刷:北京建宏印刷有限公司

装　　订:北京建宏印刷有限公司

本书如有破损、缺页、装订错误,请与本社联系调换,电话:010-63131930

开　　本:170mm×240mm　　印　　张:11.5

字　　数:200 千字

版　　次:2023 年 2 月第 1 版　　印　　次:2023 年 2 月第 1 次印刷

书　　号:ISBN 978-7-5194-7041-8

定　　价:69.00 元

前　言

近20年来，对汉代西域问题的研究一直是秦汉史的重点研究课题。各种论著不断涌现，进一步推动了相关研究的深入。同时，新出土的各种简牍资料，也给西域问题的研究提供了大量崭新的素材。但美中不足的是学术界对汉代西域问题的研究仍多集中于汉与西域的关系史和民族史的研究，对汉代在西域治理理论与实践的研究则明显滞后，且已有的著作也多以单篇论文的形式出现，鲜有研究专著发表。就目前学术界已取得的研究成果而言，其中不乏一些精辟的论述，但仍多有不足。

(1)对两汉西域地区治理理论与民族政策问题做了探讨，但对两汉中央针对西域地区民族政策的特殊性及与其他民族地区的比较研究方面尚存不足。对西域都护的重要性探讨较多，而对其在整个西域地区的行政建置及其在汉代边疆管理体系中的地位等问题的探究仍有很大空间。

(2)对汉王朝在西域的屯田更多是从经济开发角度做了探讨，而对屯田的管理体制、制度本身的运作，以及从中体现出的中央与西域地方的互动关系、屯田对整个西域边防建构等问题的研究仍存有较大的不足，这与西域屯田制度的重要性很不相称，还有待于研究的进一步拓展。

(3)对西域地区的经济开发和民族关系等研究较多，尽管涉及汉王朝在西域的军事活动，但对历次战争的性质、过程及影响等问题有系统的研究尚未出现。对两汉西域战争史与军事史的研究，应该成为未来两汉西域史研究的一个重点。

(4)对一些传统问题的研究，诸如中西关系史与交通史等方面的研究，虽然取得了较大的成绩，但存在的问题也不少：一是问题研究的观点与视角十分陈旧，所用资料亦多为传世文献，对新出考古资料的应用较少，且多有一些观点相近的文章被发表在不同的刊物上，造成了极大的浪费；二是学术界对其中一些问题的探讨，或囿于资料不足，或囿于缺乏新角度与新解释，往往显得不够深入，更多类似于宏观性或普及性的文章，缺乏对具体历史问题的微观性考察。可见，今后在对两汉西域史的研究中，应该在进行宏观性讨论的同时，加强对微观问题的考察；在加大使用新出资料的同时，注意发掘已有的旧材料，通过转换视角对其做出新的解释，将会成为今后两汉西域史研究的一个重点方向。

已有的研究成果，为两汉西域问题的进一步研究奠定了坚实的基础；同时，也提出了严峻的挑战，问题的深化与拓展，期待研究视角的转化。两汉王朝对西域的治理实践，作为中国传统的治边实践的一个重要阶段，有其自身的特点：一是中国古代历代王朝大都存在着较为突出的边疆治理问题，尤其是秦汉时代尚处于古代的前期阶段，其治边的理论与实践，包含着诸多大胆的开拓与宝贵的创新，既奠定了中国传统治边基本方略的基础，又为后世提供了可资借鉴的经验教训及具体的个案分析。二是两汉对西域的治理实践，蕴含着极为丰富的内容，是经过长期而艰苦的探索方才逐步形成的，不仅对当时的边疆治理发挥了重要作用，对于今天我们处理诸多边疆问题亦有十分重要的借鉴意义。学术界目前对我国古代的治边理论与实践的研究还较为薄弱，相关研究长期以来存在着重民族轻边疆的倾向，具体到对两汉西域治理问题的研究也不例外。因此，加强对汉代西域边疆治理理论与实践问题的研究，或许可以作为两汉西域史研究的一个重点方向加以深入探讨。

基于以上认识，笔者选择对汉代西域边政的建置与运行、政策性波动与东汉中后期的西域经略、汉代西域屯戍及西域地方边防军事体系的建构这三个方面的典型问题进行分析，以期在避免做重复研究的同时，扬长避短，得出一些更为具体的结论，综述如下。

一、汉代西域边政的建置与运行

（一）汉代西域部分制度与边吏建置考辨

校尉制度是两汉王朝的一项重要军事制度。关于“西域副校尉”的记载多次出现在两《汉书》等与汉代西域历史相关的著作中，似乎说明“西域副校尉”在两汉西域的职官建制中，是一个比较复杂且重要的官职。然当今学术界对这一官职的研究，虽取得了一定的成果，如李炳泉《两汉“西域副校尉”略考》就对“西域副校尉”的职称、性质及职能等进行了专门的论述，但深层次的研究仍然不够。本书将根据历史文献的记载，重点对“西域副校尉”在西域的实际行使权限及其无定制之事实与原因等相关问题做一些有益的探索。

戊己校尉是汉朝派往西域地区的重要职官，负有管理车师屯田的职责，其所领士卒也是汉代经营西域的重要军事力量。但是，关于戊己校尉的研究，由于史料的匮乏且多有抵牾之处，致使学界在诸如其始置时间、性质、内部建制及隶属关系等关键问题上的认识分歧很大。本节希望在前人研究的基础上结合近年新出的考古资料，对汉代戊己校尉的职数问题进行详细探讨。

车师，地当通天山南北的重要交通孔道，既是中原王朝进入西域的交通要道，亦是匈奴侵扰西域的必经之地，战略位置十分突出。为了获得对此地区的控制权，西汉王朝与匈奴展开了激烈的争夺，并对西域的政治格局与历史走向产生了深远的影响。笔者详细探讨了西汉王朝与匈奴五争车师的历史过程及其对西域政治格局所产生的历史影响。

此外，笔者重点就东汉对西域的经略与变化进行探讨，尤其是对东汉中期西域的政策波动、“以夷制夷”政策的成功实施及羌乱对东汉经略西域的影响进行了详细论述。

（二）汉代西域质侍制度考辨

两汉王朝对西域的经营，不仅对中国的边疆与民族发展产生了深远影响，也深刻地改变了西域地区的地缘政治格局。其中，同西域地区诸国间逐渐确立的宗属关系就是两汉王朝处理与西域关系的一个典型代表。无论从历史学角度，还是从政治学、经济学、文化学、外交学及民族学等角度来考察双方之间的交往融合，都有不可低估的学术价值。在探讨两汉王朝同西域诸国之间的宗属关系时，一些具有代表性的政治、经济制度及重大历史事件、重要历史人物等，业已成为学界关注的焦点，研究既深，成果颇丰。然而笔者注意到，对于两汉王朝同西域诸国间宗属关系的维系与制度建设，目前尚未引起学界的重视，仍有进一步发掘的必要，质侍制度就是其中之一。

西域以两汉为中心的质侍体系形成于武帝晚期，消亡于魏晋时期，几乎涵盖了两汉王朝经营西域的整个发展历程，也是两汉西域历史上十分重要的政治现实。它伴随着两汉王朝与西域诸国之间宗属关系的确立而形成，是西域诸国向两汉中央王朝以献纳本国贵族子弟入质（侍）为标志的一种属国与宗主国间的权力、义务关系，是双边关系中一种特殊的政治外交制度。它多层次、多角度地反映了两汉王朝同西域诸国间交往的内容和实质。

二、汉代西域屯戍问题

两汉在西域从事的屯田，是管理和经营西域的有效措施。其不仅在当时产生了重要作用，而且对后世也有一定的借鉴意义。目前学界对汉王朝在西域的屯田更多是从经济开发角度做了探讨，而对屯田的管理体制、制度本身的运作，以及从中体现出的中央与西域地方的互动关系、屯田对整个西域边防建构等问题的研究仍存有较大的不足，这与西域屯田制度的重要性很不相称，还有待于研究的进一步拓展。基于此，笔者重点就屯田组织管理体系、屯戍人员结构与管理、屯田与边防拓展、西汉西域屯田阶段性变迁、屯田职能的演变及东汉伊吾屯田这六个问题进行了探讨，并详细分析了汉代西域地区外来人口，主要是汉人人口的流动问题。以期在前人研究的基础上，得出一些更为具体的结论。

三、汉代西域地方边防体系

西域地区作为汉廷西北重要的战略缓冲区，对维护西北边疆的稳定与国防安全有着重要的意义。由于西域特殊的自然与地理条件，决定其军事管理制度与其他边郡有着诸多不同，较之边郡太守，西域都护拥有更大的军事权威，并且有完善的军事管理体系，其军事管理机构也具有明显的地方性特点。

汉代对西域地区的行政管理与职官建制，是边疆地方政治制度的重要内容。两汉对西域的统治模式具有很大的地方特色，既是对边疆民族地区管理制度的创新，同时又是对内地传统政治制度的继承，体现了汉代政治制度的灵活性。两汉在西域实施的这种多制度、多层次的治理模式，适应了西域诸国的政治、军事形势的需要与经济、文化发展的需求，对巩固汉王朝在西域的统治、稳定西域乃至整个西北局势都发挥了重要作用，并对后世产生了巨大影响，后世历代对西域等边疆民族地区的行政管理也多因袭或借鉴汉代的经验。因此，在此意义上可以说，汉代对西域治理模式的探索，是边疆政治制度发展史上的一个里程碑。

目　录

引 言

“西域”是中国史籍中的一个地理概念，泛指玉门关、阳关以西的广大地区。尽管各史所记“西域”的范围大小不一，其核心部分均为包括我国新疆在内的中亚地区。我们今天使用“西域”这一名称，一般有广狭两义。广义指古代中亚，狭义指历史上的新疆。本书研究所谓“西域”，取其狭义，然在叙事过程中，往往越出新疆的范围视各历史时期的具体情况而定。

进入历史时期以来，西域绝大部分时间不是被北方游牧部族所控制，便是受内地王朝的统治，西域史的发展与中国北方游牧部族和内地王朝历史的发展密切相关。而且西域自古以来就是多民族杂居之地，在很长一段时间内，它又一直处于东西交通的枢纽地位，在东西经济、文化交流史上有特殊的贡献。因此，西域史研究具有很高的学术价值，它既是中国史的一部分，又是中亚史的一部分，要全面、透彻地理解中国史和中亚史都不能不研究西域史。不仅如此，西域史研究还能为我们探索若干从世界历史的发展来看具有重大意义的问题，如各种文化交流、冲突和融合的规律等，为现实世界提供了丰富的历史启示。

从历史的发展历程来看，“西域”与国家安危有重大的关系。今天新疆地处改革开放的前沿，而与之邻接的中亚地区又是世界上极敏感的地区之一，局势动荡不安。由此可见，无论是从国际局势出发，还是从国内的现实需要出发，都必须加强西域史的研究。本书选取汉代西域这一特定时段的特殊区域作为研究彼时西域经略史的典型个案，探讨其历史进程与影响。

早在汉代之前，中原与西域之间便有了交流，而真正发生密切的关系则始自张骞“凿空”西域之后。自汉武帝两次命张骞出使西域始到汉宣帝在西域地区设置官署进行有效管辖，中原王朝逐步建立起了对西域的统治，双方的关系与交流日益密切。随着汉王朝对西域经营的深入，西域的面貌发生了很大变化。不仅中原与西域的交流开始常态化并日渐加强，而且两汉政府对西域实施了有效的管辖,增进了中央同西域的联系,使西域各国在政治、经济、军事等各个方面都发生了巨大的变化。

汉代在西域的特殊管理模式,既是这一时期当地政治局势的反映,又与该地区的自然地理、社会经济、民族成分、风俗习惯及军事形势息息相关。可以说,汉代对西域的经营在中国历史上开了先河,为后代开发西域树立了典范,以后历代都是在两汉基础上加强对西域的经营的,使西域始终成为中国统一领土之一部。

目前学术界对两汉西域地区治理理论与民族政策问题的探讨已经十分深入,但对两汉中央针对西域地区经营策略的多元化与独特的地域性方面的研究尚存不足;对汉朝在西域设置都护等机构建置的探讨较多,而有关汉朝在西域地区的行政管控及其运行模式、其在当时整体边疆管理体系中所处地位等问题的探讨仍有很大空间。本书将综合运用历史学、考古学、历史地理学、民族学等多学科交叉的研究方法,选取汉代西域边政与边吏的建置、屯戍体系和边疆军事防御体系的构建三方面的典型问题进行研究和探讨,以期能够对汉代的西域经略得出一些新的见解。

第一章　两汉西域边吏与边政的个案分析

第一节　两汉西域副校尉考辨

据《汉书·百官公卿表》记载："西域都护，加官，宣帝地节二年（前68）初置，以骑都尉、谏大夫使护西域三十六国，有副校尉，秩比二千石，丞一人，司马、候、千人各二人。"[1]这条史料提到西域都护下有"副校尉"一职，但记载十分简略。两《汉书》中也多次提到西域设有"副校尉"这一官职，如《汉书》中的《元帝纪》和陈汤本传都提到陈汤为"副校尉"[2]，《后汉书·西域传》提及"副校尉郭恂"[3]，同书《孝安帝纪》中有"副校尉梁慬"[4]的记载。这些"副校尉"或又被直接称作"西域副校尉"，如《汉书·傅常郑甘陈段传》中称陈汤"迁西域副校尉"[5]，而且《后汉书·班梁列传》亦直接称梁慬为"西域副校尉"[6]。关于"西域副校尉"的记载多次出现在两《汉书》等与汉代西域历史相关的著作中，似乎说明"西域副校尉"在两汉西域的职官建制中，是一个比较复杂且重要的官职。然当今学术界对这一官职的研究，虽取得一定成果，如李炳泉《两汉"西域副校尉"略考》就对"西域副校尉"的职称、性质及职能等进行了专门的论述[7]，但尚

---

[1] [汉]班固：《汉书》卷十九上《百官公卿表》，北京：中华书局，1962年，第738页。

[2] [汉]班固：《汉书》卷九《元帝纪》，北京：中华书局，1962年，第295、298页；《汉书》卷七十《傅常郑甘陈段传》，北京：中华书局，1962年，第3008页。

[3] [南朝宋]范晔：《后汉书》卷八十八《西域传》，北京：中华书局，1965年，第2928页。

[4] [南朝宋]范晔：《后汉书》卷五《安帝纪》，北京：中华书局，1965年，第205页。

[5] [汉]班固：《汉书》卷七十《傅常郑甘陈段传》，北京：中华书局，1962年，第3008页。

[6] [南朝宋]范晔：《后汉书》卷四十七《班梁列传》，北京：中华书局，1965年，第1591页。

[7] 李炳泉：《两汉"西域副校尉"略考》，《史学月刊》2008年第12期，第125—127页。

存在进一步进行深层次探讨的空间。本节将根据历史文献的记载，重点对“西域副校尉”的设置、职权及其无定制之史实与原因等相关问题做进一步研究。

一、西域副校尉的设置

校尉制度是两汉王朝一项重要的军事制度。“校尉”何解，颜师古曰：“校者，军之诸部校也。”[1]应劭曰：“自上安下曰尉，武官悉以为称。”[2]据《续汉书·百官志》记载：“大将军营五部，部校尉一人，比二千石；军司马一人，比千石。”[3]可见，校尉是两汉军队中的指挥官，秩比二千石，属中级官员。西汉时武帝为了加强对长安城的防护而置中垒、屯骑、步兵、越骑、长水、胡骑、射声、虎贲八校尉。八校尉之秩皆为二千石，高于一般校尉，属官有丞及司马。东汉时将中垒校尉省去，又将胡骑并入长水，虎贲并入射声，只剩下五校尉。史书中常见的“五营”“五校”，即指五校尉所属的军队。两汉时的诸校尉都以戍卫京师为主要职责，东汉时五校尉多由宗室担任，兼任宿卫宫廷的任务。两汉王朝除了以校尉官卫戍京师、宿卫宫廷外，也多以校尉官担当方面主官，如置护乌桓校尉主理乌桓事务，以护羌校尉主西羌。在西域地区，亦常以校尉官担任要职。

两汉王朝最早在西域设置的职官是领护屯田的使者校尉，史载：“自贰师将军伐大宛之后，西域震惧，多遣使来贡献，汉使西域者益得职。于是自敦煌西至盐泽，往往起亭，而轮台、渠犁皆有田卒数百人，置使者校尉领护，以给使外国者。”[4]此时汉王朝势力初入西域，根基尚浅，所置校尉主要职责更多局限于管理屯田，为过往使者提供物资与安全保障。其后，随着汉廷在西域经营的深入，屯田的规模日趋扩大。至宣帝地节二年(前 68)，“汉遣侍郎郑吉、校尉司马憙将免刑罪人田渠犁”，并以渠犁为基地数度进取车师，汉王朝已经完全控制了西域南道诸国，郑吉也因功迁卫司马，使护鄯善以西南道诸国。此后不久，至迟元康四年(前 62)，郑吉再次迁为校尉，以卫司马为副，并建“都护”之号，见于汉简：“元康四年二月已未朔乙亥，使护鄯善以西校尉吉、副卫司马富昌、丞庆都、尉宜、建、都☒迺元康二年五月癸未，以使都护檄书，遣尉丞赦将施刑士五十人送致

[1] [汉]班固：《汉书》卷十九上《百官公卿表》，北京：中华书局，1962 年，第 2910 页。
[2] [汉]班固：《汉书》卷六十七《杨胡朱梅云传》，北京：中华书局，1962 年，第 725 页。
[3] [晋]司马彪：《续汉书》志第二十四《百官一》，北京：中华书局，1965 年，第 3564 页。
[4] [汉]班固：《汉书》卷九十六上《西域传》，北京：中华书局，1962 年，第 3873 页。

将车□发。"[1](居延 118·17 简)可见,护鄯善以西校尉已俨然成为西域最高官长,不仅仅是领护屯田的军官,而且在一定意义上也是行政官。

汉代遣往西域的校尉由屯田官转为行政官,是有其现实原因的。一方面,随着屯田规模的扩大,屯田校尉依托屯田造就的经济与军事优势,对西域诸国形成巨大威慑的同时,也增强了西域诸国对汉王朝实力的认同,一些国家逐步转变了以往重视匈奴而轻视汉朝的政治倾向,转而谋求归附汉朝,作为屯田主管的校尉对诸国的政治影响力得到极大提高;另一方面,西域地区远离中原,政治形势复杂,稍有不慎,便会导致整个政治局面的颠覆。因此,汉王朝对西域的经营越深入,便越感觉到对其管控的困难及长期经营的必要,迫切地希望在西域建立一套常驻机构,代表中央管控西域。而在这套机构建立之前,屯田校尉作为汉王朝屯驻西域时间最久的官员,较之临时差遣的使者,更为熟知边情,暂时以校尉代行西域管理职责,无疑是顺理成章之举。

自汉宣帝神爵年间(前 61—前 58)于西域设立都护,以都护为首的西域都护府成为管理西域事务的最高军政机构,西域一应事务均由都护管理。屯田校尉重回屯田本职,管理渠犁一带的屯田,为维护都护在西域的统治提供必要的军事与物资保障,至西汉元帝初元元年(前 48),屯田重心移至车师前部,另设戊己校尉管理屯田事务。其后,匈奴郅支单于役使康居,攻略乌孙,向大宛等国索要岁贡,大有称霸西域之势。鉴于郅支对汉王朝在西域统治所造成的威胁,汉廷增派西域副校尉,以增强西域的防务力量,应付郅支的军事威胁。据《汉书》相关史料记载:"车骑将军许嘉荐(甘)延寿为郎中、谏议大夫,使西域都护骑都尉,与副校尉陈汤共诛郅支单于。"[2]这是西汉王朝在西域都护设立多年后,首次增设副校尉,同时可能也是仅有的一次。就现有的资料来看,陈汤之后直到新莽代汉,再也未有他人出任西域副校尉的记载。这意味着西汉时的西域副校尉虽为西域都护之副贰,但并不似都护一般常设,而是根据西域形势的需要而设置,事毕则罢。东汉时,中央王朝与西域"三绝三通",都护尚且时设时废,副校尉之置废更无定制。兹将东汉已知副校尉姓名及任职时间表列如下。

---

[1] 中国简牍集成编辑委员会:《中国简牍集成》(第六册),兰州:甘肃敦煌文艺出版社,2001 年,第 20 页。

[2] [汉]班固:《汉书》卷七十《傅常郑甘陈段传》,北京:中华书局,1962 年,第 3007 页。

表 1.1　东汉已知副校尉姓名及任职时间表

年代	姓名	任职经历
汉明帝永平十七年(74)十八年(75)	郭恂	焉耆、龟兹杀都护陈睦，副校尉郭恂。 ——《后汉纪·孝明皇帝纪下》
汉和帝永元年间(89—104)以前	李恂	(李恂)后复征拜谒者，使持节领西域副校尉。 ——《后汉书·李恂传》
汉和帝永元二年(90)	阎槃	(永元二年夏五月)己未，(窦宪)遣副校尉阎槃讨北匈奴取伊吾卢地。 ——《后汉书·孝和孝殇帝纪》 (窦)宪因遣副校尉阎槃将二千余骑掩击伊吾，破之。 ——《后汉书·西域传》
汉殇帝延平元年(106)	梁慬	初为车骑将军邓鸿司马，再迁，延平元年拜西域副校尉。 ——《后汉书·班梁列传》

两汉西域副校尉之职既不常设，其驻地也多有变化。从西域副校尉陈汤趁都护甘延寿久病之机矫诏发兵诛郅支的情况来看，西汉时副校尉与都护当同驻于乌垒城。东汉时情况又有不同，据《后汉书·班梁列传》记载，班勇在廷议中曾提道："昔永平之末，始通西域，初遣中郎将居敦煌，后置副校尉于车师。"[1]又据同书《西域传》记载，东汉王朝于明帝永平十六年(73)通西域，次年(74)方才恢复设置西域都护。可见，西域副校尉的恢复要早于西域都护，且其官署始置于车师，而非与都护同驻于它乾城。但从《后汉纪·孝和孝殇皇帝纪》关于永平十八年西域都护陈睦与副校尉郭恂一同被焉耆、龟兹攻杀的记载来看，似乎在西域都护设立后，副校尉仍旧得以保留，并且其治所也移至它乾城。和帝永元三年(91)，东汉重以班超为西域都护，大约在其后不久，东汉政府又设置了西域副校尉，屯驻于敦煌。是以安帝时班勇有"复置西域副校尉，居于敦煌，如永元故事"的提议。

殇帝延平元年(106)，梁慬为西域副校尉，至河西赴任，正赶上西域诸国作

[1][南朝宋]范晔：《后汉书》卷四十七《班梁列传》，北京：中华书局，1965年，第1588页。

乱，都护任尚被困，于是梁慬奉诏率河西羌胡五千骑驰援。其后，梁慬又说服龟兹王入驻王城，并遣兵迎都护段禧和长史赵博于龟兹王城，又与龟兹叛军及温宿、姑墨反兵连战数月，平龟兹之乱。可见，此时西域都护、长史及副校尉皆驻于龟兹王城一地。永初元年(107)，朝廷以“西域阻远，数有背畔，吏士屯田，其费无已”，遂罢置都护，遣骑都尉王弘发关中兵迎慬、禧、博及伊吾卢、柳中屯田吏士，西域副校尉也随之罢置。其后直到安帝永宁元年(120)，朝廷才采纳班勇的建议，恢复敦煌郡营兵三百人，置西域副校尉居敦煌，震慑北匈奴，对西域以示羁縻。然而由于未能出屯，因此收效甚微。延光二年(123)，安帝又命班勇为西域长史，将弛刑士五百人出屯柳中。其后，西域长史取代西域都护成为西域最高军政首脑，作为都护副贰的西域副校尉也不再设置。

二、西域副校尉的职权

西域副校尉，全称“使副都护西域校尉”或“都护西域副使者校尉”，即由校尉担任西域都护的副贰。[1] 作为西域都护的副贰，其主要职责自然是协助西域都护“镇抚诸国，诛伐怀集之”，保证“汉之号令班西域”。但校尉本为军职，以校尉担任西域都护的副贰，其实际职掌与西域都护还是有所不同的，更多地表现出了其军事性的特征。具体来说，主要有以下几个方面。

(1)领护西域的屯田兵与西域诸国兵，在中央授权的基础上，与西域都护一道打击西域的反叛势力。西域距离中央路途遥远，且诸国矛盾复杂，形势瞬息万变，稍有不慎，便会导致整个西域政局的反复。介于这一地域的特殊性，中央政府特设都护一职，以为汉廷之代表，常驻西域，总理西域地区的军政事务，监护西域内属诸国，讨其不臣，救其危难。事缓者，则请旨而行；事急者，则专断自行。《汉书·西域传》曰：

> 都护督察乌孙、康居诸外国动静，有变以闻。可安辑，安辑之；可击，击之。[2]

张维华撰《西汉都护通考》，将西域都护的执掌归纳为以下六项：属吏之任

[1] 李炳泉：《两汉“西域副校尉”略考》，《史学月刊》2008年第12期，第125页。

[2] [汉]班固：《汉书》卷九十六上《西域传》，北京：中华书局，1962年，第3874页。

命与领驭；督察屯田吏士；督察诸国；遣吏士分行各国；上书言事；与汉使议处西域诸事。此外，都护常受诏征调诸国及屯田士卒以平乱事，或专断擅发讨伐。[1] 可见，都护职务繁杂，西域一应事务均由其执掌，遇有变故，难免力有不逮。因此，每当西域遇有重大变故，中央政府往往另遣专使，协助都护处理之，一些专使的权力似乎还在都护之上。这在西汉处理乌孙动乱的过程中表现得尤为明显：

先是乌孙狂王与解忧公主不和，汉遣卫司马魏和意等往议其事。解忧与汉使谋刺狂王不成，汉恐与乌孙失和，又遣中郎将张遵携带医药抚慰狂王，留车骑将军长史张翁调查公主与汉使刺杀事件，其后又遣副使季都探视狂王。再其后，乌孙内乱，汉立元贵靡为大昆弥，乌就屠为小昆弥。乌就屠不尽归诸翎侯民众，汉遣长罗侯常惠率三校尉屯田赤谷，分别其人民地界。后来，小昆弥拊离为日贰所杀，汉遣使立其子安日为小昆弥。再其后安日为国民所杀，汉遣中郎将段会宗为使，立末振将为小昆弥。再后，末振将又杀大昆弥雌栗靡，汉不能讨，乃再遣段会宗为使，立伊秩靡为大昆弥。再其后，末振将被难栖杀死，汉以不能亲讨为憾，于是再以段会宗为使，诛杀末振将太子番丘，并安辑乌孙。[2]

可知，西域事务，并非都护所专断。而西域征伐之事，亦非都护所得专，西域副校尉即为汉廷所遣主理西域征伐之要员。关于西域副校尉的设置时间，史无明载，但据李炳泉研究，其当首设于汉元帝建昭三年（前36），陈汤是首任西域副校尉。[3] 其时，匈奴郅支单于因杀汉使，“自知负汉，又闻呼韩邪益强，遂西奔康居。康居王以女妻郅支，郅支亦以女予康居王。康居甚尊敬郅支，欲倚其威以胁诸国。郅支数借兵击乌孙，深入至赤谷城，杀略民人，驱畜产，乌孙不敢追，西边空虚，不居者且千里。郅支单于自以大国，威名尊重，又乘胜骄，不为康居王礼，怒杀康居王女及贵人、人民数百，或支解投都赖水中。发民作城，日作五百人，二岁乃已。又遣使责阖苏、大宛诸国岁遗，不敢不予”[4]。郅支对乌孙、大宛等西域国家的攻掠，严重影响了汉朝在西域统治秩序的稳定。基于西域的这一局势，促使汉廷在向西域派遣都护的同时，又增派了具有显著军事功能的校尉官作为其副贰，以加强西域地区的军事力量，制御匈奴郅支单于，维护

[1] 张维华：《汉史论集》，济南：齐鲁书社，1980年，第306—307页。

[2] [汉]班固：《汉书》卷九十六下《西域传》，北京：中华书局，1962年，第3906—3909页。

[3] 李炳泉：《两汉“西域副校尉”略考》，《史学月刊》2008年第12期，第126页。

[4] [汉]班固：《汉书》卷七十《傅常郑甘陈段传》，北京：中华书局，1962年，第3009页。

西域统治秩序的稳定。史载陈汤"数求使外国，久之，迁西域副校尉，与(西域都护)甘延寿俱出"[1]。陈汤到达西域后，担心郅支与康居联合，再次称霸西域，因与甘延寿谋取发兵诛杀郅支。甘延寿虽赞同陈汤的主张，但坚持奏请朝廷以后再定度。陈汤以为"国家与公卿议，大策非凡所见，事必不从"，于是趁甘延寿久病之机，矫诏发西域诸国兵及戊己校尉屯田吏士远征郅支。这说明西域副校尉是有权调动西域诸国兵及屯田兵的，但需要中央的同意，陈汤就是因为矫诏发兵，几至于获罪[2]。

(2)总统调遣河西羌胡骑兵，支援西域作战。汉殇帝延平元年(106)，西域诸国再次叛乱。这次反叛的主要原因在于西域都护任尚为政严苛、不得民心。反叛诸国围攻任尚于疏勒，任尚不得出，上书求救，汉以梁慬为西域副校尉，统率河西羌胡骑兵驰援。在梁慬军到达之前，任尚之围已解，东汉遂召回任尚，代之以段禧为西域都护，赵博为西域长史。

段禧和赵博驻于它乾城。它乾城小，梁慬认为不甚坚固，于是说服龟兹王白霸，允许其进驻王城。龟兹吏人不满汉军入城，便联合温宿、姑墨合兵数万人，围攻梁慬等。梁慬等率军迎战，连兵数月，斩首万余级，方才平定龟兹之乱。[3]

(3)奉命屯敦煌，羁縻西域。安帝永初元年(107)诏罢都护，并罢伊吾、柳中屯田。东汉势力撤出西域后，北匈奴又重收属西域诸国，胁迫诸国一同侵扰东汉西北边疆十数年。元初六年(119)，敦煌太守曹宗派长史索班率千余人屯田伊吾，招抚诸国，车师前王和鄯善王前来归附。但仅数月之后，索班便被北匈奴及其附从车师后王军就等攻没，北匈奴并逐走车师前王，占据西域北道。鄯善王逼急，求救于曹宗。曹宗因之上书朝廷，请求出兵打击北匈奴，报索班之耻，并再度进取西域。[4] 此时，羌乱尚未完全平息，而北匈奴势力日炽，东汉的西北边防面临着很大的挑战。曹宗出兵西域的奏请，引起朝中公卿的讨论，多以为当关闭玉门关，放弃西域，只有班超之子班勇极力反对，并建议朝廷"恢复敦

---

[1] [汉]班固:《汉书》卷七十《傅常郑甘陈段传》，北京：中华书局，1962 年，第 3007—3008 页。

[2] [汉]班固:《汉书》卷七十《傅常郑甘陈段传》，北京：中华书局，1962 年，第 3020—3021 页。

[3] [南朝宋]范晔:《后汉书》卷四十七《班梁列传》，北京：中华书局，1965 年，第 1591 页。

[4] [南朝宋]范晔:《后汉书》卷八十八《西域传》，北京：中华书局，1965 年，第 2911 页。

煌营兵三百人，复置护西域副校尉，居于敦煌，再遣西域长史将五百人屯楼兰，西当焉耆、龟兹径路，南强鄯善、于寘心胆，北扞匈奴，东近敦煌”。[1] 东汉政府在综合各方意见之后，部分地采纳了班勇的建议，恢复了敦煌营兵三百人，并置西域副校尉于敦煌，在护卫敦煌边地的同时，羁縻西域。

三、西域副校尉无定制之史实与原因

以上梳理表明，自西域设有副校尉的一百六十年间(前 36—123)，见于史料记载的仅有五人，其间大部分时间时置时废，不仅官无定制，而且治所亦不固定，先后设于乌垒、车师、它乾、龟兹王城及敦煌多地。之所以会造成这种局面，其原因可以归纳为以下两点。

其一，两汉西域副校尉虽为西域都护之副贰，但其始终未脱离其使者的身份。作为西域最高军政长官，西域都护在其设置之初，并不是有固定执掌的官职，而是加官。所谓的加官，就是附在本官之上具有某种特定职责的官称，如侍中、给事中、中常侍等。但西域都护与这些中朝加官不同，是皇帝派往西域镇抚诸国的特使。“西域都护”除了被简称为“都护”外，还有“西域骑都尉”“使西域骑都尉”“都护西域骑都尉”“使都护西域骑都尉”等多种称呼[2]，其中，“使都护西域骑都尉”是全称，其余均为简称。由此可推知，作为都护副贰的副校尉，其全称当为“使副都护西域校尉”或“都护西域副使者校尉”，也就是两汉中央派往西域的副使。两汉出使多以校尉担任副使，如两汉遣使匈奴，往往以中郎将为正使，以校尉为副使[3]，据《汉书·萧望之列传》记载，萧望之两子萧育与萧由都曾担任过“使匈奴副校尉”一职[4]，西域副校尉当与此情况相似，是作为与西域都护相配的副使出使西域的。由于西域距离两汉中央太远，域内局势复杂多变，一旦有差池，就会导致汉王朝在西域统治的动荡。因此，西域都护作为皇帝的特使，常驻于西域，以及时处理西域事务，并监护内属诸国。久之，便逐渐转化为西域地区的最高军政长官，成为拥有具体执掌的实职官名。而西域副校尉

[1] [南朝宋]范晔：《后汉书》卷四十七《班梁列传》，北京：中华书局，1965 年，第 1587－1588 页。

[2] 黎虎：《汉代外交体制研究》，北京：商务印书馆，2004 年，第 302－303 页。

[3] 黎虎：《汉代外交体制研究》，北京：商务印书馆，2004 年，第 302－303 页。

[4] [汉]班固：《汉书》卷七十八《萧望之列传》，北京：中华书局，1962 年，第 3289、3291 页。

则不同，其使者的身份始终未发生改变，于是，作为中央的特派使者，西域副校尉有事则置，无事则罢。

其二，作为汉廷中央直接派往西域的副使，西域副校尉的地位仅次于西域都护，两者同为比二千石的高官，权力基本相当，一旦不能有效配合，就会造成相互掣肘的局面，西域副校尉陈汤与西域都护甘延寿在诛杀匈奴郅支单于过程中所产生的矛盾，最能说明这一问题。其时，陈汤矫制发城郭诸国兵、车师戊己校尉屯田吏士，西域都护甘延寿听闻欲加以阻拦，陈汤竟按剑怒叱延寿："大众已集会，竖子欲沮众耶。"[1]甘延寿无奈，只得与陈汤一起发兵诛郅支。可见，副校尉若与都护相处不洽，不仅不利于对西域的控制，还会削弱都护的权威，也不利于事权的统一。

四、小结

目前，学术界对汉代西域副校尉的探讨并不多，笔者也只是对这一职位进行了粗浅的梳理和分析。综合前文的分析，西域副校尉是两汉置于西域的重要官职，是两汉中央直接派往西域的副使，地位仅次于西域都护。由于校尉本为军职，因此，其实际职掌更多地体现在军事方面，即作为西域都护的副贰，辅佐都护处理西域事务，在中央授权的基础上，与西域都护一道打击西域的反叛势力，同时奉命统领河西羌胡骑兵支援西域。另外，在西域都护缺位的时候，屯驻敦煌，遥领羁縻西域。虽然副校尉在西域拥有极大的权力，但并不似西域都护那般常驻于西域，其设置带有临时性，治所亦不固定。这主要有两点原因：一则西域副校尉还保留着使者的身份；二则是其权势过大，职权多与都护相拟，若长期设置，不利于都护事权的统一。整体来看，西域副校尉的设置，在抵御匈奴对西域的侵扰、维护西域的稳定及捍卫河西边疆地区安全等方面发挥了积极的作用。

[1] [汉]班固：《汉书》卷七十《傅常郑甘陈段传》，北京：中华书局，1962年，第3010—3011页。

第二节 两汉戊己校尉职数再考证

戊己校尉是汉朝派往西域地区的重要职官，负有管理车师屯田的职责，其所领士卒也是汉代经营西域的重要军事力量。但是，关于戊己校尉的研究，由于史料的匮乏且史料间多有抵牾之处，致使学界在诸如其始置时间、性质、内部建制及隶属关系等关键问题上的认识分歧很大。本节希望在前人研究的基础上结合近年新出的考古资料，对汉代戊己校尉的职数问题提出一些新的看法。

一、问题的提出

关于戊己校尉的问题学界讨论很多，本书不再一一列举，仅就其职数发表一点看法。戊己校尉究竟是一个官名还是两个官名，是否存在着戊校尉与己校尉的区别，这在传世文献中并没有明确的记载，因此造成了学术界对戊己校尉职数的争论与分歧。归纳起来，主要有以下几种观点。

一是两汉戊己校尉一员说。最早提出这种观点的是张维华先生。他认为：正常情况下，校尉应有三员：戊己校尉、戊校尉和己校尉；戊、己二校尉是戊己校尉的属部。《汉书》所谓“凡三校尉屯田”中的“三校尉”，就是戊己校尉、戊校尉、己校尉的前身。[1] 支持此说的侯灿先生也著文指出：除个别时期短暂一分为二外，戊己校尉主要为一人担任。[2] 余太山先生也持有类似的观点[3]，但由于这些文章发表时，悬泉汉简尚未出土，因此存在很大的局限性。值得关注的是，王素先生在参看了敦煌悬泉出土的汉简后，依然坚持了“戊己校尉一员”的观点，与前面两位先生不同的是他认为戊己校尉的建置应该分为两个阶段，戊己校尉初置是一个阶段，此时戊己校尉为一员；戊己校尉下分戊、己二校尉是后一个阶段，这时有戊己校尉一员，其下又分出戊、己二校尉。[4]

---

[1] 张维华：《汉史论集》，济南：齐鲁书社，1980 年，第 266－267 页。

[2] 侯灿：《汉晋时期的西域戊己校尉》，《西北史地》1983 年第 3 期。

[3] 余太山先生基本认同张维华先生的观点，同时指出戊己校尉的建置在东汉前期曾有短暂的变化，直到和帝永元三年复置戊己校尉，才恢复西汉旧制。详见余太山：《两汉魏晋南北朝与西域关系史研究》，北京：中国社会科学出版社，1995 年，第 363－366 页。

[4] 王素：《高昌戊己校尉的组织——高昌戊己校尉系列研究之二》，《中国历史文物》2005 年第 4 期，第 57－71 页。

二是戊己校尉二员说。此说又可以分为两种：第一种是仅东汉戊己校尉设置两员说。这一观点较为传统，最早由劳幹先生提出。他认为：直到东汉，戊己校尉才一分为二，即戊校尉和己校尉。[1] 林剑鸣先生虽赞同东汉戊己校尉两员说，但不赞同刘攽"恭是戊校，宠是己校"的观点，认为"从未见过'戊校尉'或'己校尉'之称"，戊己校尉在西汉元帝初置确为一人，东汉始分为两人，即两个戊己校尉。[2] 高荣先生也赞同林剑鸣先生的观点，认为"耿恭、关宠所任均为戊己校尉"[3]。虽然高荣先生并未明确指出西汉戊己校尉是否分置两员，但其支持东汉戊己校尉为两员的观点是毋庸置疑的。第二种是西汉戊己校尉也曾两员说。随着出土汉简资料的公布和发表，特别是敦煌悬泉汉简的公布，其中一些简牍披露了当时车师确有"戊校尉""己校尉""戊校""己校"等称谓，再有敦煌马圈湾新出汉简所见"戊部尉钦"被确认为《汉书・王莽传》和《汉书・西域传下》所记载的"戊己校尉郭钦"[4]，越来越多的学者开始主张西汉时期戊己校尉即为两员。早在 20 世纪，黄文弼先生就依据罗布淖尔出土的汉简资料，认为："《汉书》及《颜注》所谓戊校、己校即为汉简所见的左部和右部。两汉的戊己校尉自始至终都是分设两员的。"[5]持相似观点的还有日本学者伊濑仙太郎先生。[6] 吴礽骧先生结合罗布淖尔汉简、敦煌悬泉汉简及《汉书》等传世文献有关戊己校尉的记载，也认为"至迟始自西汉元帝，直至王莽末，皆有戊、己二校尉"[7]。此外张德芳、何双全、殷晴、李炳泉、孟宪实等诸位先生也分别根据悬

[1] 历史语言研究所：《历史语言研究所集刊》，台北：历史语言研究所，1956 年，第 28 本上。

[2] 林剑鸣：《西汉戊己校尉考》，《历史研究》1990 年第 2 期，第 79—81 页。

[3] 高荣：《汉代戊己校尉述论》，《西域研究》2000 年第 2 期，第 1—6 页。

[4] 吴礽骧、李永良、马建华：《敦煌汉简释文》，兰州：甘肃人民出版社，1991 年，第 11 页。

[5] 黄烈：《黄文弼历史考古论集》，北京：文物出版社，1989 年，第 379 页。

[6] 王素引伊濑仙太郎《戊己校尉》认为，《后汉书》所云："自伊吾北通车师前部高昌壁千二百里，自高昌壁北通后部金满城五百里。此其西域之门户也，故戊己校尉更互屯焉。"《汉书》颜注所云："戊己校尉者，镇安西域，无常治处，亦犹甲乙等各有方位。"无论是"更互屯焉"还是"各有方位"，也都暗示戊己校尉实际是分置两员。详见王素：《高昌戊己校尉的组织——高昌戊己校尉系列研究之二》，《中国历史文物》2005 年第 4 期，第 60 页。

[7] 吴礽骧：《敦煌悬泉遗址简牍整理简介》，《敦煌研究》1999 年第 4 期，第 103 页。

泉汉简等新出简牍资料，提出了类似的观点。[1]

以上各说虽不乏创建且多为结合新资料得出的新观点，但是介于两汉戊己校尉职数的复杂性，即便结合新资料所得出的结论也仍有讨论的空间。

二、早期戊己校尉的职数

就西汉元帝建置戊己校尉的情况来看，其所置的戊己校尉非为戊己校尉一职，而是由戊校尉和己校尉两职组成的。关于汉元帝时期戊己校尉的建制，《汉书》中关于西汉早期戊己校尉设置的记载主要有三条，现罗列如下：

> 至元帝时，复置戊己校尉，屯田车师前王庭。
>
> ——《西域传上》总序
>
> 其（元康四年）后置戊己校尉屯田，居车师故地。
>
> ——《西域传下》车师后城长国条
>
> 戊己校尉，元帝初元元年置，有丞、司马各一人，候五人秩比六百石。
>
> ——《百官公卿表上》

根据这三条记载，很难确定早期戊己校尉这一职官的设置情况，然而任何一种职官的建置，都不是凭空而来的，都有其历史发展的过程。因此，要想理清此时戊己校尉的职数，必须先厘清其建置的历史源流。关于戊己校尉建置的过程，在《汉书·西域传》中有详细记载：

> 汉兴至于孝武，事征四夷，广威德，而张骞始开西域之迹。其后骠骑将军击破匈奴右地，降浑邪、休屠王，遂空其地，始筑令居以西，初置酒泉郡，后稍发徙民充实之，分置武威、张掖、敦煌，列四郡，据两关焉。自贰师将军伐大宛之后，西域震惧，多遣使来贡献，汉使西域者益得职。于是自敦煌西至盐泽，往往起亭，而轮台、渠犁皆有田卒数百人，置使者、校尉领护，以给

[1] 详见张德芳：《从悬泉汉简看两汉西域屯田及其意义》，《敦煌研究》2001 年第 3 期；何双全：《汉与楼兰（鄯善）、车师（姑师）交涉史新证——悬泉汉简所见西域关系史之二》，《国际简牍学会会刊（第 4 号）》，2002 年；殷晴：《悬泉汉简和西域史事》，《西域研究》2002 年第 3 期；李炳泉：《两汉戊己校尉建制考》，《史学月刊》2002 年第 6 期；孟宪实：《两汉戊己校尉新论》，《广东社会科学》2004 年第 1 期。

使外国者。至宣帝时，遣卫司马使护鄯善以西数国。及破姑师，未尽殄，分以为车师前后王及山北六国。时汉独护南道，未能尽并北道也，然匈奴不自安矣。其后日逐王畔单于，将众来降，护鄯善以西使者郑吉迎之。既至汉，封日逐王为归德侯，吉为安远侯。是岁，神爵三年也。乃因使吉并护北道，故号曰都护。都护之起，自吉置矣。僮仆都尉由此罢，匈奴益弱，不得近西域。于是徙屯田，田于北(比)胥鞬，披莎车之地，屯田校尉始属都护。都护督察乌孙、康居诸外国动静，有变以闻。可安辑，安辑之；可击，击之。都护治乌垒城，去阳关二千七百三十八里，与渠犁田官相近，土地肥饶，于西域为中，故都护治焉。至元帝时，复置戊己校尉，屯田车师前王庭。

——《汉书·西域传上》

(匈奴)得降者言，单于大臣皆曰："车师地肥美，近匈奴，使汉得之，多田积谷，必害人国，不可不争也。"果遣骑来击田者，吉乃与校尉尽将渠犁田士千五百人往田，匈奴复益遣骑来，汉田卒少不能当，保车师城中。匈奴将即其城下谓吉曰："单于必争此地，不可田也。"围城数日乃解。后常数千骑往来守车师，吉上书言："车师去渠犁千余里，间以河山，北近匈奴，汉兵在渠犁者势不能相救，愿益田卒。"公卿议以为道远烦费，可且罢车师田者。诏遣长罗侯将张掖、酒泉骑出车师北千余里，扬威武车师旁。胡骑引去，吉乃得出，归渠犁，凡三校尉屯田。车师王(乌贵)之走乌孙也，乌孙留不遣，遣使上书，愿留车师王，备国有急，可从西道以击匈奴。汉许之。于是汉召故车师太子军宿在焉耆者，立以为王，尽徙车师国民令居渠犁，遂以车师故地与匈奴。车师王得近汉田官，与匈奴绝，亦安乐亲汉。后汉使侍郎殷广德责乌孙，求车师王乌贵，将诣阙，赐第与其妻子居。是岁，元康四年也。其后置戊己校尉屯田，居车师故地。

——《汉书·西域传下》

综合以上史料，可以断定：戊己校尉的设置，是西汉政府经营西域的重要手段，也是汉匈争夺车师的必然措施，其目的在于就近控制车师，遏制匈奴进入西域，同时维护丝路北道的安全。西汉政府为加强对车师前部这一军事要地的控制，先自渠犁徙部分屯田卒至比胥鞬屯田，置校尉领护。之后西域屯田重心不断北移，至晚元帝初元元年(前48)时，渠犁屯田吏士大部亦北移至车师屯田，而其迁入地很可能就是交河壁。[1] 随着车师屯田规模的扩大,西汉政府或许感觉到车师故地的两处屯田与西域都护距离较远且间以河山,仍属都护不便于管理,于是汉元帝初元元年,西汉政府对车师的屯田进行了新的整合,整合的结果就是设立单独的戊己校尉管理车师故地的两处屯田,这也是初元元年以后,渠犁和比胥鞬两处屯田不再见于传世文献和出土简牍资料中的原因。[2] 因为屯田分为两处,所设的戊己校尉亦当分为两职,即戊校尉和己校尉。前引《汉书·百官公卿表》"戊己校尉,元帝初元元年置"条下,颜师古注云:"有戊校尉,(又)有己校尉"及《后汉书·西域传》所说的"戊、己二校尉"与《汉书·西域传》所言的"戊己校尉"或为两个不同的概念,而且这一点在新出土的敦煌悬泉汉简资料中也得到了证实。这些简文如下:

简 1　□□车师戊校尉、己校尉,承书从……(Ⅱ90DXTO314③:238)[3]

简 2　永光五年五月甲辰朔己巳,将田车师己校尉长乐兼行戊校尉事,右部司马丞行……(A)掾 。史意。(B)

《敦煌悬泉汉简释粹》(Ⅱ0215②:21)[4]

简 3　五月壬辰,敦煌太守强、长史章、丞敞下使都护西域骑都尉、将田车师戊己校尉、部都尉、小府、官、县,承书从事下当用者。书到白大扁书乡亭市里高显处,令亡人命者尽知之,上赦者人数太守府别之,如诏书。

《释粹》(Ⅱ0115②:16)

上引简 1 虽然没有清晰的记事年代,但明确证实了车师屯田是分为戊校尉和己校尉两部的。简 2 则有明确的纪年,为汉元帝永元五年(前 39)。由"将田车师己校尉长乐兼行戊校尉事"的内容可知,其时车师屯田分设"己校尉"和"戊

[1] 刘国防:《西汉比胥鞬屯田与戊己校尉的设置》,《西域研究》2006 年第 4 期,第 29 页。

[2] 徐松认为"至元帝时屯田车师前王庭,方罢渠犁屯田",见《汉书西域传补注》;李炳泉据悬泉汉简Ⅱ216②:26,认为:"依以地位较低的军候、千人出面上书的情况来看,初元年间渠犁已不设校尉了。"见李炳泉:《两汉戊己校尉建制考》,《史学月刊》2002 年第 6 期,第 25—30 页。

[3] 吴礽骧:《敦煌悬泉遗址简牍整理简介》,《敦煌研究》1999 年第 4 期,第 103 页。

[4] 胡平生、张德芳:《敦煌悬泉汉简释粹》,上海:上海古籍出版社,2001 年。以下简称《释粹》。

校尉”，只有这样，戊校尉一职才能由己校尉长乐“兼行”，与简1可以相互印证。简3虽然仅有月份而没有纪年，但张德芳先生根据悬泉汉简中另一署名“敦煌太守强、长史章、丞敞”的建昭二年（前37）纪年简牍，判定简3亦为建昭年间遗物。[1] 加之《汉书·傅常郑甘陈段传》记建昭三年（前36）时，陈汤“矫制发城郭诸国兵、车师戊己校尉屯田吏士”伐郅支单于，可以得出结论，汉元帝所置戊己校尉实为戊校尉和己校尉组成的，它们合则称戊己校尉，分则称戊校尉和己校尉。

或有学者认为戊己校尉并非是戊校尉和己校尉的合称，而是一个官职，戊、己二校尉为其属部。此说不确，敦煌悬泉出土的两件年代稍后的简牍提供了这样的信息：

简4　入铁镡剑，永始三年六月癸卯，郡库掾成受罢己校前曲后……

《释粹》（Ⅳ0617③：17）

简5　永始三年七月戊申朔丙辰，县（悬）泉置啬夫敞敢言之，府记曰：唯正月以给戊己校使者马薪，辈□□□□。使者安之移仓曹卿，君别取□□偿如牒，敢言之。

《释粹》（Ⅰ0402④A：8）

这两枚简牍是同一年的资料，可以确定，“对于戊、己校尉，单独的事情单独记录，同时的事情混合记录。在这里，戊己校尉就是戊校尉和己校尉的简称”[2]。这样类似的记录还有很多，兹将这些简牍资料罗列如下：

简6　入上书一封，车师己校、伊循田臣彊。九月辛亥日下餔时，临泉译（驿）汉受平望马益。

《释粹》（Ⅴ1310③：67）

简7　建始五年……□田车师左部中曲候令史礼调罢将……候行丞……□□为驾诣北军，为驾一封轺传，有请。当……□史。（A）敦煌太守府吏（B）

《释粹》（Ⅱ0214②：137）

简8　□平元年十月车师戊校兵曹薄（簿）……

《释粹》（Ⅰ0205②：22）

[1] 张德芳：《从悬泉汉简看西域屯田及其意义》，《敦煌研究》2002年第2期，第117页。
[2] 孟宪实：《两汉戊己校尉新论》，《广东社会科学》2004年第1期，第129页。

简 9　元延四年十月丁未朔丙……己校尉□□□□□□□□□

《释粹》(Ⅰ0404④A:4)

简 10　建平二年三月丁亥朔甲辰,戊校左曲候永移过所……

《释粹》(Ⅱ0113③:34)

简 11　建平二年三月丁亥朔甲辰,西域戊校前曲候苏鋪过所……

《释粹》(Ⅱ0212S:66)

简 12　车师戊校司马丞……

《释粹》(Ⅰ0109S:73)

简 13　行事昆弟家、戊校候致君当从西方来,谨侍给法所当得,毋谴……

《释粹》(Ⅰ0111②:99)

简 14　……齿九岁,高六尺二寸,迺三月乙卯送罢戊校候张君……

《释粹》(Ⅰ0205②:3)

简 15　□骑士六人,持马送戊校。

《释粹》(Ⅱ0115②:173)

简 16　出麦四斗,以食戊校莫(幕)府史张卿所乘广至马一匹,再食,食二斗。都吏石卿监。

《释粹》(Ⅱ0216②:359)

简 17　戊校右部中曲士皆后□……(A)故私从者……(B)

《释粹》(Ⅱ0216②:547)

简 18　己校左部中曲候令史黄赏,以私财贾马一匹,騩駮(驳),牡……(A)己校尉以□□□□□□□□□。(B)

《释粹》(Ⅱ0215①:16)

简 19　使西域□都尉己校青上书一封。

《释粹》(Ⅴ1311③:222)

简 20　□戊己校过,廪谷……

《释粹》(Ⅱ0112①A:4)

简 21　迎戊己校罢校尉,置客往来食如牒,前与政相争……

《释粹》(Ⅰ0112①:270)

简 22　车师己校候令史敞、相、宗、禹、福置诣田所,为驾一封轺传,驾六乘。传百八十八。

《释粹》(Ⅱ0215③:11)

简 23　……师己校候令史敞、相、宗、禹、福置诣田所。为驾,当舍传舍，从者如律令。

《释粹》(Ⅰ0116②:125)

简 24　□戊己校候令史敞、相、宗、禹、福、强□□□。为驾，当舍传舍，从者如律令。

《释粹》(Ⅰ90DXT0116②:125)

通过以上简牍可见，自元帝初元元年置戊己校尉以来，历成哀两帝，除成帝河平年间曾徙己校于姑墨以外，这种由戊、己二校领护车师屯田的格局并没有发生过太大的变化。戊、己校尉虽经常被一体称作"戊己校尉"，但两者一直是两个相对独立的军屯组织，有合并之简称而无一体之官职。

三、西汉平帝至新莽时期戊己校尉的职数

至晚平帝继位时起，随着车师屯田规模的扩大，戊己校尉所领屯田卒成为西汉政府驻西域的主要武装力量，其职权也由领护屯田向镇抚西域转变，仅仅依靠秩次较低的戊、己两校尉领护，力量既分散，又不便于统一指挥。于是西汉政府将戊己二校一并移至高昌壁，并于戊己二校之上设立戊己校尉，总领车师屯田事务。首次见于史籍的戊己校尉徐普便出现于这一时期，此后史籍中有姓名可查的戊己校尉尚有新莽时期的刁护和郭钦。或以为戊己校尉是由戊、己二校合并而来，但此说应该不准确。敦煌马圈湾出土的汉简，进一步为我们提供了新莽时期戊己校尉建置的新材料，简文曰：

简 25　车师略诸侯欲以威西域，贪狼桀黠狂狡左，为诸国城乱戊部众。

《敦煌汉简释文》(72)[1]

简 26　都护虏译持檄告戊部尉钦，车师前附城诩。

《敦煌汉简释文》(112)

简 27　共奴与焉耆通谋，欲攻车师戊部孤军，大都护……

《敦煌汉简释文》(119)

简 28　去戊部失将兵之义，罪当死。臣△叩头死罪。

《敦煌汉简释文》(120)

[1] 吴礽骧、李永良、马建华：《敦煌汉简释文》，兰州：甘肃人民出版社，1991 年。下文所引汉简出于本书者，均标注为《敦煌汉简释文》。

简 29　不以时伏诛，臣愚窃不胜忿＝与戊部尉钦计议。

《敦煌汉简释文》(121)

简 30　戊部乱乎短食，请尉遣。兵器败伤荐且众。

《敦煌汉简释文》(122)

简 31　以移偏将军敦德尹臣，丁卯戊部左率□□……

《敦煌汉简释文》(196)

简 32　都尉君移戊部尉械逮，故若绝城钱况等有书今。

《敦煌汉简释文》(203)

简 33　正月十六日，因檄检下者，号天使长仲，赍己部掾。

《敦煌汉简释文》(974)

以上简牍所记为新莽天凤年间(14—19)西征西域时事，表明至迟始自西汉平帝，直到王莽末，在设立戊己校尉总领车师屯田事务的同时，戊、己二校仍然存在并共屯于车师前王庭，二者由戊己校尉统属。

值得注意的是，上述简牍中提到的“戊部尉钦”据研究即为《汉书·王莽传》中所见戊己校尉郭钦，因此，一些学者认为戊己校尉又可以被称为“戊部尉”或“戊校尉”。此说并不妥切，戊己校尉既有分设的戊、己二部，又设有戊己校尉一职领护。此处的戊己校尉郭钦又被称为戊部尉，大概是因为戊己校尉郭钦同时兼任戊部尉的缘故。

四、东汉时期戊己校尉职数的新变化

与西汉在西域常设戊己校尉不同，东汉因与西域时断时通，戊己校尉的设置情况更为复杂。

东汉在西域初设戊己校尉是在明帝永平十七年(74)。据《后汉书》卷一九《耿弇传》耿恭条记载：“永平十七年冬……始置……戊己校尉，乃以恭为戊己校尉，屯后王部金蒲城，谒者关宠为戊己校尉，屯前王柳中城，屯各置数百人。”此处所引“以恭为戊己校尉，屯后王部金蒲城，谒者关宠为戊己校尉，屯前王柳中城”，刘攽认为恭是戊校，宠是己校。宋司马光《资治通鉴》卷四五东汉明帝永平十七年十一月条即从攽说，记耿恭为“戊校尉”，关宠为“己校尉”。但不管这里的戊己校尉是一职两任，还是仅仅只设戊校尉和己校尉，都是又恢复到了两校尉分屯两地的格局，这或许是东汉初通西域，统治尚不稳固的形势下采用的非常举措。

自章帝建初元年(76)"罢戊己校尉官"以后,直到和帝永元三年(91)"复置戊己校尉,领兵五百人,居车师前部高昌壁,又置戊部候,居车师后部候城",才逐步恢复了西汉时的旧制,且一直维系到和帝末年。随着安帝永初元年(107)六月西域都护的罢置,戊己校尉的建制亦随之撤除,直到延光二年(123)任命班勇为西域长史重开西域之后,戊己校尉才得以恢复。不过此时所置戊己校尉似为两职,《后汉书·西域传》总序云:"自伊吾北通车师前国高昌壁千二百里,自高昌壁北通后部金满城五百里,此其西域之门户也,故戊己校尉更互屯焉。"这里所谓的"戊己校尉更互屯焉"应该就是指"分戊己为二校尉,戊校尉屯驻后部金满城,己校尉屯驻前部高昌壁"[1]。而由于该传大部分史料源自安帝末班勇所记,因此反映的应为安帝时事。

至迟桓帝时,戊己校尉的建制又恢复到了和帝时的旧制。据《后汉书·西域传》记载,桓帝永兴年间(153—154)有"戊部候严皓"和"戊校尉阎详"。据李炳泉先生研究,这里的"'戊校尉阎详'当为'戊己校尉阎详',《传》文中的'戊'与'校尉'间当缺一'己'字"[2],因此,桓帝永兴年间所置戊己校尉,其建置当是承袭和帝时而来。同时,据《曹全碑》所载,曹全在灵帝建宁年间(168—171)任"戊部司马"[3]。这里既有"戊部",那么也应该有"己部",其上就应有校尉的设置,也就应该有戊己校尉领护之。另《后汉书·西域传》"拘弥"条载:灵帝熹平四年(175),于寘王攻拘弥,"戊己校尉、西域长史各发兵辅拘弥侍子定兴为王",同传又提到曹宽任"戊己司马"一职,司马光《资治通鉴》卷五六灵帝建宁三年(170)记曹宽为戊己校尉。但不论曹宽所任是戊己司马抑或是戊己校尉,都说明灵帝时确实设有戊己校尉一职。据唐长孺先生研究,董卓于熹平四年(175)后曾任戊己校尉。[4] 可见,灵帝建宁至熹平年间(168—178)的戊己校尉基本恢复了平帝以来的旧制,并影响到了魏晋时期。

由以上考述可见,西汉自元帝初元元年至平帝元始年间(前48—5)之前,一直设戊、己二校尉;至晚从平帝至新莽时期,在前设戊、己二校尉的基础上,另设戊己校尉一职,兼领二部屯田。东汉时期,除了明帝和安帝时期曾分设戊、己校尉两职以外,和帝及桓、灵二帝所设戊己校尉则基本沿袭了西汉的旧制。

---

[1] 王素:《高昌戊己校尉的组织——高昌戊己校尉系列研究之二》,《中国历史文物》,2005年第4期,第58页。

[2] 李炳泉:《两汉戊己校尉建制考》,《史学月刊》2002年第6期,第27页。

[3] 马雍:《西域史地文物丛考》,北京:文物出版社,1990年,第44页。

[4] 唐长孺:《山居存稿》,北京:中华书局,1989年,第334页。

第三节　西汉五争车师对西域政治格局之影响

车师，地当通天山南北的重要交通孔道，既是中原王朝进入西域的交通要道，亦是匈奴侵扰西域的必经之地，战略位置十分重要。为了获得对此地区的控制权，西汉王朝与匈奴展开了激烈的争夺，并对西域的政治格局与历史走向产生了深远的影响。

一、西汉五争车师之过程

车师，《史记·大宛列传》作姑师，位于今天的吐鲁番盆地，为通天山南北的重要孔道，故无论是中原王朝西赴大宛、北去乌孙，还是匈奴南下劫掠西域，均取道于此，是西域的战略要地。车师王亦以地接匈奴之故，恃其支援，不附于汉。元封三年（前 108），汉武帝遣赵破奴攻占车师，因无力控制，车师仍附匈奴。李广利伐大宛后，诸国皆遣子入侍，唯车师不从。此地之得失，关系着汉、匈争夺西域之胜败，故两家兵力在此角逐最烈，前后凡发生过五次战争，兹将其表述如下。

第一次是武帝天汉二年（前 99），遣李广利、李陵等由酒泉、居延等地北击匈奴，别遣匈奴降者开陵侯将楼兰国兵攻车师。结果，李广利被围，几不得脱，士卒死十之六七。李陵粮尽援绝降匈奴。开陵侯因匈奴右贤王数万援兵到，也不得不引兵撤退。其后不久，征和四年（前 89），汉遣李广利将兵 7 万人出五原，商丘成将 3 万余人出河西，马通（又作莽通）将 4 万骑出酒泉，道过车师北至天山，汉恐车师断汉军后路，乃遣开陵侯将楼兰、尉犁等六国兵别围车师。车师王降，臣属汉，是为第二次争车师。

车师为匈奴进出西域之门户，匈奴不肯轻易放弃，并于昭帝末年为争车师遣 4000 骑“田车师”。车师再附匈奴，并与匈奴联兵西击乌孙。乌孙求援，其时昭帝新丧，汉暂未出兵，至宣帝本始二年（前 72），方遣赵充国等五将军，率兵 10 余万，北击匈奴。遣常惠使乌孙，持节护乌孙兵 5 万，从西击匈奴，大败匈奴。车师境内的匈奴屯卒惊去。车师复通于汉。匈奴怒，复占车师，更立乌贵为车师王太子，并“与匈奴结婚姻，教匈奴遮汉道通乌孙者”[1]。

[1]［汉］班固：《汉书》卷九十六下《西域传》，北京：中华书局，1962 年，第 3922 页。

汉匈三次兴兵西域争车师，每每汉大军来，车师附汉。汉军撤，匈奴兵来，车师则又叛汉附匈。如此反复，数附数叛。汉廷分析了西域的形势，认识到在遥远的西域组织大规模的军事行动，只兴兵，不屯田，不就地解决粮食供应，仅靠从关内千里运粮是无法持久的，是不能安邦定边的。于是借鉴轮台和河西屯田的经验，在西域发展屯田，以争车师。屯田与军事行动紧密结合，这就是第四次争车师的特点。据《汉书·西域传》载："地节二年(前68)汉遣侍郎郑吉、校尉司马熹将免刑罪人田渠犁、积谷，欲以攻车师。至秋收谷，吉、熹发城郭诸国兵万余人，自与所将田士千五百人共击车师，攻交河城，破之。王尚在其北石城中，未得。会军食尽，吉等且罢兵，归渠犁田。秋收毕，复发兵攻车师王于石城。"从这一段记述中可以清楚地看出屯田与军事行动、争车师的关系。"屯田、积谷，击车师。""军食尽，且罢兵。""秋收毕，复发兵攻石城。"粮食的供应，左右着军事行动。同时，汉宣帝认识到屯田不仅对争车师关系密切，而且对定西域也关系甚大。"有诏还田渠犁及车师，益积谷以安西国……于是吉始使吏卒三百人别田车师。"[1]"益积谷"和"安西国"联系起来，可见屯田在经营西域中的地位。

第四次争车师始于地节二年(前68)，侍郎郑吉、校尉司马熹率屯田士卒1500人并发诸国兵万余人进击车师，破交河城。为了巩固已得的车师，郑吉"使吏卒三百人，别田车师"。这是汉在车师屯田的开始。匈奴方面："单于复以车师王昆弟兜莫为车师王，收其余民东徙，不敢居故地。"[2]

第五次争车师于郑吉使三百人屯田车师之后，此举引起匈奴的恐惧。"单于大臣皆曰：车师地肥美，近匈奴，使汉得之，必害人国，不可不争也。"于是在元康二年(前64)匈奴派骑兵进攻汉在车师的田卒。"(郑)吉乃与校尉尽将渠犁田士千五百人往田，匈奴多益遣骑来，汉田卒少，不能当，保车师城中。匈奴将即其城下谓吉曰：'单子必争此地，不可田也。'围城数日乃解。"[3]郑吉因之上书朝廷，请求增派田卒守车师。汉公卿廷议，以为西域路途遥远，耗损过大，可暂罢车师屯田，于元康四年(前62)诏遣长罗侯常惠将张掖、酒泉骑兵出车师以北千余里，扬威武于车师旁，迎郑吉田卒返回渠，尽徙车师国民，令居渠犁，遗其空地予匈奴。

---

[1] [汉]班固：《汉书》卷九十六下《西域传》，北京：中华书局，1962年，第3923页。
[2] [汉]班固：《汉书》卷九十四上《匈奴传》，北京：中华书局，1962年，第3788页。
[3] [汉]班固：《汉书》卷九十六下《西域传》，北京：中华书局，1962年，第3923页。

二、车师附汉与汉朝在车师的经略

汉宣帝神爵二年(前 60),匈奴发生内乱,驻守西域的日逐王先贤掸不满于新任单于的统治,于是表示愿归附汉朝。郑吉大喜,立即率屯田将士,“发渠犁、龟兹诸国五万人迎日逐王”[1]。在对匈奴做出妥善安置后,陪同先贤掸到长安,汉朝封先贤掸为归德侯,郑吉为安远侯。随着日逐王降汉,僮仆都尉自然撤销,匈奴不得不放弃西域,车师失去匈奴的支持而归附汉朝。郑吉声震西域,原先他护鄯善以西南道,现在又护车师以西北道,汉朝任命他为西域都护。西汉王朝自张骞出使西域后,经过 70 多年的努力,终于完成切断匈奴右臂、统一西域的宏伟大业。西域都护取代僮仆都尉,西域三十六国从此皆在都护管辖之下。都护府设在西域中心的乌垒城。西域都护府的建立,是西域纳入中原王朝版图的一个标志。都护代表西汉王朝给地方官吏颁发印绶,有权征调诸国兵力、管辖驻军及屯垦官兵。《汉书·郑吉传》就此评说:“汉之号令班西域矣,始自张骞而成于郑吉。”都护成为汉中央政府直接派驻西域的最高军政长官。

随着西汉王朝对西域统一的完成,车师成为汉王朝抵御匈奴对西域侵扰的门户所在,如何巩固对车师的控制并加强管理成为西汉朝廷亟须解决的问题。对车师的经略,西汉朝廷主要采取了两方面的手段。

其一,在政治上瓦解车师,将之分裂为多个政治实体。史载:“至宣帝时,遣卫司马使护鄯善以西数国。及破姑师,未尽殄,分以为车师前后王及山北六国。”[2]关于车师分国的具体情况,诸家看法不一,徐松在《汉书西域传补注》中认为车师共被分为车师前后国、且弥东西国、卑陆前后国、蒲类前后国共八国,至于《后汉书》“以前、后部及东且弥、卑陆、蒲类、移支为车师六国,不数西且弥与卑陆后国者,或已为他国所并”[3]。王先谦于《汉书补注》中亦持此观点。[4]余太山先生认为山北六国即“蒲类前后国、东西且弥国和卑陆前后国”[5],与徐松观点无大出入。岑仲勉则对此提出异议,认为山北六国为卑陆前后、郁立师、

---

[1] [汉]班固:《汉书》卷七十《傅常郑甘陈段传》,北京:中华书局,1962 年,第 3006 页。

[2] [汉]班固:《汉书》卷九十六上《西域传》,北京:中华书局,1962 年,第 3878 页。

[3] [清]徐松:《汉书西域传补注》,北京:中华书局,1985 年,第 10 页。

[4] 王先谦:《汉书补注》,北京:中华书局,1983 年,第 1607 页。

[5] 余太山:《两汉魏晋南北朝与西域关系史研究》,北京:中国社会科学出版社,1995 年,第 42 页。

劫、车师都尉及车师后城长。[1] 周振鹤则认为车师前后王与山北六国还经历过再次分割，最终形成乌贪訾离、卑陆、卑陆后国、郁立师、单桓、蒲类、蒲类后国、西且弥、东且弥、劫国、狐胡、山国、车师前国、车师后国、车师都尉国、车师后城长国等十数个天山东段南北诸国。[2]

西汉王朝之所以对车师行分国之策，主要是由于两方面的原因。其一，车师所处自古便是通天山南北的交通孔道，其前部位于天山东段山麓的南谷口，称为前庭；后部则位于北谷口，称为后庭。从前庭北行五百里可到达后庭之金满城，南出西行八百三十五里，即达焉耆。而自后庭出，东行七百余里，可达匈奴右部南缘之蒲类泽，《后汉书》谓之："西域之门户。"[3]其时，匈奴每兴师于西域，必先征服车师，从车师前后庭南下焉耆，进而侵袭西域腹地。是以当西汉王朝控制车师以后，即利用其地理上的优势，将其作为抵御匈奴南侵西域的边防要塞，使匈奴势力不得进入西域，并为进一步出车师后庭北击匈奴右部提供前出基地。故此，一个统一强大的车师王国的存在，不符合西汉王朝的利益。而车师分国之后，其每一国的实力均不足以挑战西汉王朝的权威，更有利于对车师地区的控制。其二，车师分国以后，"国虽众，而户绝少"，西域都护所辖诸国中，户数在百户以下的六个王国均分布在这里。[4] 至此，车师作为一个统一的西域大国的实力及影响遂被消耗殆尽，[5]使匈奴无法发挥其地缘优势，利用车师与西汉争夺西域的控制权。因此，于匈奴来讲，欲控制车师，就不得不逐国争取或征服，即使能够得到其中几国的支持，其战略价值亦无法与得到整个车师相提并论。于西汉来讲，则可以充分利用车师与匈奴周旋，为朝廷赢得更大的防御纵深，可以从容调集诸国援军打击匈奴。

但仅仅通过分国政策不足以有效控制车师，车师诸国一向归附匈奴，汉军如不能留兵镇守，则匈奴骑兵一至，车师仍要倒戈相向，听受匈奴役使，过往的

[1] 岑仲勉：《汉书西域传地里校释》，北京：中华书局，1985 年，第 552 页。

[2] 周振鹤：《西汉西域都护所辖诸国考》，《新疆大学学报》1985 年第 2 期，第 44—45 页。

[3] [南朝宋]范晔：《后汉书》卷八十八《西域传》，北京：中华书局，1965 年，第 2914 页。

[4] 周振鹤：《西汉西域都护所辖诸国考》，《新疆大学学报》1985 年第 2 期，第 45 页。

[5] 分国之前的车师，亦是西域大国。在古代，人口是国家赖以存在的经济和政治基础，也是国力强盛与否的一个重要标志，西域诸国亦不外如是。以《汉书・西域传》中所录各国的人口为标准来计算，车师诸国人口合计在 3442 户以上，仅仅落后于龟兹 6970 户，难兜 5000 户，焉耆 4000 户，而与姑墨相差无几，在西域可谓举足轻重，是理所当然的西域"大国"之一。

事实已充分证明了这一点。而长期驻守在当时也不现实,兵少则不足以抵御匈奴的侵袭,兵多则补给困难,由内地输粮绝无可能,就地于西域征取亦不可靠。在这种情况下,亦农亦兵的军屯成为西汉王朝的最佳选择。故此,西域都护建立不久即将部分屯田移至比胥鞬。[1] 其后不久,又于元帝初元元年(前48)设置戊己校尉,屯田车师前王庭,主管西域的屯田和防务。出土汉简中一些简牍对西汉时期戊己校尉的建置情况有明确记录,从中可以一窥车师的屯田情况,如:

(1)九月甲戌?效谷守长光、丞立,谓遮要、县(悬)泉置,写移书到,趣移车师戊己校尉以下乘传,传到会月三日,如丞相史府书律令。/掾昌、啬夫辅。 《释粹》(Ⅴ1812②:120)

(2)(缺)交河曲仓守丞衡移居卢訾仓。 《罗布淖尔汉简》16[2]

(3)河平四年十一月庚戌朔辛酉𠛬守居卢訾仓,车师戊校(缺)交河壁(缺) 《罗布淖尔汉简》15

通过以上简牍,结合传世文献,可以看出自元帝初元元年置戊己校尉以来,车师前部的屯田区,至少东起高昌壁,西至交河壁,在星罗棋布的绿洲之上,广泛驻兵屯垦,自车师以西的西域北道自此置于汉朝的主导之下。

三、西汉经略车师对西域政治格局之影响

车师对西汉王朝的归附及西汉王朝屯田的展开,除了对西域地区的政治格局产生了巨大影响,对中西交通格局亦产生了不可忽视的影响,具体而言,主要有以下几个方面的表现。

其一,改善了中西交通路线,提高了中西交往的效率和安全性。西汉通西域道路分为南北两道,南道从玉门关、阳关西出,经鄯善,转西,越葱岭,经悬度,到达大月氏等国,该条路径较为稳定,自西汉初开通以来,历两汉魏晋之世未曾大变。北道交通则与南道不同,其走向多次发生变迁,与西汉王朝对车师的经略息息相关。在神爵二年之前,车师一直为匈奴所控制,西汉王朝通西域北道

[1]《汉书・西域传》作"北胥鞬",《通典》卷一百九十一作"比胥犍",汉简亦作"比胥健""比胥楗"。将其与"莎车之地"相连,岑仲勉认为莎车当为车师之讹,"徙屯田,田于北胥鞬即屯田于车师后庭一带"。

[2] 黄文弼:《罗布淖尔考古记》,北京:国立北京大学出版社,1949年,第192页。

的交通路线主要是由敦煌玉门关、阳关西出，过三垄沙、白龙堆，沿罗布泊北岸，经土垠、楼兰、海头故地，顺孔雀河行至轮台，转西进入焉耆、龟兹等西域腹地。[1] 这条路线虽然避开了匈奴控制下的车师、焉耆等地，减少了匈奴骑兵的威胁，但所过之地均为人迹罕至之荒原沙漠，交通条件极其恶劣，大宛之所以敢于拒绝汉使求马之请，是因为其认为："汉去我远，而盐水中数败，出其北有胡寇，出其南乏水草。又且往往而绝邑，乏食者多。汉使数百人为辈来，而常乏食，死者过半，是安能致大军乎？无奈我何。"[2]这一分析确实切中当时汉与西域交通不便的要害。李广利二伐大宛之时，汉武帝为了保障大军的后勤供给，避免重蹈一伐大宛之覆辙，曾组成了"牛十万，马三万匹，驴、橐驼以万数"的庞大运输队，为部队"赍粮"，以及驮运充足的装备"兵弩甚设"。[3] 这一复杂的路况，无疑对西汉王朝经营西域及中西行旅造成极大困扰。这种不利的情况，直到神爵二年车师附汉后方得到缓解，北道至此正式开通了由库鲁克塔格山脉北上车师之道。[4] 该条路线所过地区虽亦多为荒凉之地，但自古就有人类在此居住，且一直是姑师与楼兰进行联系的重要通道[5]，其通过条件远较于沿孔雀河西行直达轮台之故道为佳。至于这条道路的具体走向，马雍先生在综合各家意见之后，将其勾勒如兹："出敦煌，往西，绕过三垄沙（今疏勒河西端沙漠）之北，横越白龙堆（今罗布淖尔东北岸之盐碛地），经楼兰（今罗布淖尔北岸），折向北至车师前国（今吐鲁番附近），再转向西南，沿塔里木河古代河谷，取道焉耆（今焉耆县附近）、龟兹（今库车县附近）、姑墨（今阿克苏市附近），再往西南，至

---

[1] 王素：《高昌史稿（交通编）》，北京：文物出版社，2000 年，第 125 页。

[2] ［汉］司马迁：《史记（修订本）》卷一百二十三《大宛列传》，北京：中华书局，2014 年，第 3852 页。

[3] ［汉］司马迁：《史记（修订本）》卷一百二十三《大宛列传》，北京：中华书局，2014 年，第 3854 页。

[4] 王素：《高昌史稿（交通编）》，北京：文物出版社，2000 年，第 128 页。

[5] 早期斯坦因在考察西域腹地时，就曾于此地发现古代石刻。其后，白格曼等也在这里发现大量原始石刻及近代蒙古文刻石。见白格曼：《罗布泊北部地区库鲁克塔格石刻》，原载《新疆考古研究》，斯德哥尔摩，1939 年。现由鲍舒翻译，收入《向达先生纪念论文集》，乌鲁木齐：新疆人民出版社，1986 年，第 494—508 页。同时，黄文弼先生也在此地拾获石器时代狩猎用石箭头若干，见黄文弼：《库鲁克塔格山中行》，《黄文弼蒙新考察日记》（1927—1930），北京：文物出版社，1990 年，第 533 页。这些均能说明自远古时代一直到近代，该地一直为故姑师与楼兰地区进行联系的交通孔道。

疏勒(今疏勒县附近);由疏勒往西,越过葱岭,到达大宛。"[1]其中"折向"云云所指即为由库鲁克塔格改道。[2] 这条道路较之旧道虽有一定优势,但却更为迂回曲折,增加了里程,黄烈先生就称旧道为"直道"或"径路",而称新道为"曲回路线"。[3] 是以当元帝设戊己校尉屯戍车师,完全控制了该地之后,即开始积极尝试开辟新路。至元始年间,"车师后王国有新道,出五船北,通玉门关,往来差近,戊己校尉徐普欲开以省道里半,避白龙堆之厄"[4]。关于这条道路的走向,历来为学术界所争执,王素先生在集中了各家意见之后,认为该道原出车师后国,由吉木萨尔向东,经奇台、木垒,再南越博格多山,沿十三间房折进吐鲁番,从鲁克沁深入大沙海,沿五船及库鲁克塔格北,过横坑,避开三垄沙、白龙堆,直达敦煌玉门关。[5] 新道的开通,不仅避开三垄沙、白龙堆等难行的沙漠地带,而且路途便捷,节约了近一半的路程。但前有车师后王姑句的阻滞,后又有王莽乱政,西域复绝,这条道路并未真正开通为官道,不过其对于汉王朝在西域的经略仍旧起到很大的作用。在王莽天凤三年(16)平叛西域的战役中,新道即发挥了极大作用。据敦煌马圈湾出土天凤三年简记载"远十一月晦,所且得报,忧欲相助,不忽=新道,适千里也。前赍又"(T5:91;释文 130 号),其中新道即为徐普所开之新道,戊己校尉郭钦即沿此道经车师击焉耆。[6] 对于此次战役,传世文献中亦有详细记载,《汉书·西域传下》记录此次战争经过云:

莽复欺诈单于,和亲遂绝。匈奴大击北边,而西域瓦解。焉耆国近匈奴,先叛,杀都护但钦,莽不能讨。天凤三年,乃遣五威将王骏、西域都护李崇将戊己校尉出西域,诸国皆郊迎,送兵谷,焉耆诈降而聚兵自备。骏等将莎车、龟慈兵七千余人,分为数部入焉耆,焉耆伏兵要遮骏。及姑墨、尉犁、危须国兵为反间,还共袭击骏等,皆杀之。唯戊己校尉郭钦别将兵,后至焉

---

[1] 马雍:《从新疆历史文物看汉代在西域的政治措施和经济建设》,《西域史地文物丛考》,北京:文物出版社,1990 年,第 8 页。

[2] 王素:《高昌史稿(交通编)》,北京:文物出版社,2000 年,第 129 页。

[3] 黄烈:《"守白力""守海"文书与通西域道路的变迁》,《中国古代民族史研究》,北京:人民出版社,1987 年,第 437—438 页。

[4] [汉]班固:《汉书》卷九十六下《西域传》,北京:中华书局,1962 年,第 3924 页。

[5] 王素:《高昌史稿(交通编)》,北京:文物出版社,2000 年,第 147、155 页。

[6] 吴礽骧、李永良、马建华:《敦煌汉简释文》,兰州:甘肃人民出版社,1991 年,第 12、343 页。

> 耆。焉耆兵未还，钦击杀其老弱，引兵还。莽封钦为剼胡子。李崇收余士，还保龟兹。数年莽死，崇遂没，西域因绝。[1]

同书《王莽传中》对此次战役的记载与此也多为相似，其记载云：

> 是岁，遣大使五威将王骏、西域都护李崇将戊己校尉出西域，诸国皆郊迎贡献焉。诸国前杀都护但钦，骏欲袭之，命佐帅何封、戊己校尉郭钦别将。焉耆诈降，伏兵击骏等，皆死。钦、封后到，袭击老弱，从车师还入塞。莽拜钦为填外将军，封剼胡子。何封为集胡男。西域自此绝。[2]

可见，此次出兵西域的目的是平叛，讨伐焉耆攻杀前都护但钦之罪。这次战役的部署较为完美，以五威将王骏、西域都护李崇率主力走北道，与莎车、龟兹等国兵会合；以佐帅何封、戊己校尉郭钦走新道，分兵与车师援军会合，以便南北夹击焉耆。但由于姑墨、尉犁、危须等国军队的倒戈，以及各军到达的时间先后不同而为焉耆所败。是役虽败，但新道所反映出的战略价值不容小觑，何封、郭钦在败后可以全军而退，亦借新道交通之便利。

其二，西域地区特殊的自然与地理环境，使得西域诸国均沿交通要线分布，要想巩固对西域的统治，必须控制西域南、北道。控制西域北道的关键，是解决位于北道东端的车师问题。因此，当西汉王朝将屯田移至车师后不久即将其升格为戊己校尉。校尉是武职，秩比二千石。由于其领护的是屯田，故戊己校尉的性质与居延地区的“将屯”相似，具有明显军屯性质。戊己校尉的建置，提高了车师的地位，加强了军事力量，扩大了屯田规模，使之在政治、交通与军事方面发挥更大的作用。具体言之，在交通方面它可以确保北道的安全与给养，又可以从此直下西域北道诸国。在政治和军事上，车师成为西汉设在西域北道最东端的桥头堡和基地。既可将车师置于西汉实力控制之下，又可使北道诸国放心依附汉廷之“威重”，不敢怀有二心。同时对匈奴也是一种重要的威慑，有利于西汉实现控制西域北道的战略目的。

据《汉书》记载，汉元帝建昭三年（前36），西域都护甘延寿与副校尉陈汤同出西域，其时匈奴郅支单于与康居勾结侵扰乌孙、大宛诸国，陈汤即“矫制发城

[1] [汉]班固：《汉书》卷九十六下《西域传》，北京：中华书局，1962年，第3927页。
[2] [汉]班固：《汉书》卷九十九中《王莽传》，北京：中华书局，1962年，第4146页。

郭诸国兵、车师戊己校尉屯田吏士，部勒行阵，益置扬威、白虎、合骑之校，汉兵，胡兵合四万余人，延寿、汤上疏自劾奏矫制，陈言兵状。即日引军分行，别为六校，其三校从南道逾葱岭径大宛，其三校都护自将，发温宿国，从北道入赤谷，过乌孙，涉康居界，至阗池西。……单于死。军候假丞杜勋斩单于首，得汉使节二及谷吉等所赍帛书。诸卤获以畀得者。凡斩阏氏、太子、名王以下千五百一十八级，生虏百四十五人，降虏千余人，赋予城郭诸国所发十五王”[1]。可见这次远征康居，戊己校尉所部成为汉军的主力，正是由于戊己校尉拥有较强的军事实力同时又占据着重要的战略位置，陈汤才能够迅速绞杀郅支单于。其时，西汉虽于西域设立都护，名义上总领西域，但实际上车师前后部是由戊己校尉管辖，它与控扼南道东端的伊循都尉一北一南，牢牢地控制着西域南北交通要道，是西汉在西域的两个重要据点。它们东接敦煌郡，西翼都护治所乌垒，成鼎足之势，既是西汉在西域的前出据点，亦是西域都护的强大后方基地，使得西汉能够在西域进退自如，对西汉王朝整个西域经略具有重大意义，已经远远超出屯田的范围。

[1]［汉］班固：《汉书》卷七十《傅常郑甘陈段传》，北京：中华书局，1962年，第3010—3014页。

第四节　东汉“以夷制夷”策略对西域经略的影响

自光武帝中兴伊始，东汉王朝便将“以夷制夷”作为一项基本策略运用于对边疆民族的经略中。起初，“以夷制夷”的策略主要应用于处理匈奴问题，如建武二十四年(48)，匈奴因单于继承问题再次内讧，南边八部大人共立奥鞬日逐王比为南单于，并率部归汉。针对这一情况，光武帝不失时机地利用各种措施，对南匈奴进行拉拢、控制，以其助汉抵御北匈奴，同时争取乌桓、鲜卑等限制北匈奴，收效颇大。明帝以后，“以夷制夷”的策略被更为广泛地应用于处理中央王朝与周边边疆民族地区的关系，无论是前期对匈奴和西域的经营，以及其他各民族的和战，还是后期对羌人、鲜卑和南方诸民族的战争，都可以看到“以夷制夷”策略的实施。

明帝永平八年(65)以降，北匈奴胁西域诸国频繁寇略河西郡县，焚毁城邑，杀伤甚重，以致城门昼闭。鉴于东汉的国力此时已得到恢复，遂将北匈奴之事提上议事日程。在永平十三年(70)，明帝亲自召开的一次高级会议上，耿秉提出了“断臂折角”的对匈奴策略，具体如下：

先击白山，得伊吾，破车师，通使乌孙诸国，以断其右臂，未可先击匈奴也。伊吾亦有匈奴南呼衍一部，破此，复为折其左角。[1]

这一策略实为自西汉武帝以来联合西域诸国以制匈奴政策的延续，而在谋划上更为具体明确，因此为明帝所采纳。永平十五年(72)十二月，明帝命奉车都尉窦固、驸马都尉耿秉出屯凉州，准备讨伐北匈奴。次年，窦固、耿忠等出居延塞，击北匈奴。“固、忠至天山，击呼衍王，斩首千余级，呼衍王走，追至蒲类海，留吏士屯伊吾城。”[2]这是自王莽末年中原与西域断绝联系后，中原的势力首次进入西域。伊吾是西域的东部门户，易种五谷、桑麻、葡萄。取伊吾后，明帝置宜禾校尉屯田，打通了汉与西域交往的通道，史载：“于寘诸国皆遣子入侍，西域自绝六十五载，乃复通焉。”[3]

---

[1] [晋]袁宏：《后汉纪》卷第十《孝明皇帝纪下》，北京：中华书局，2002 年，第 188 页。
[2] [南朝宋]范晔：《后汉书》卷二十三《窦固传》，北京：中华书局，1965 年，第 810 页。
[3] [南朝宋]范晔：《后汉书》卷八十八《西域传》，北京：中华书局，1965 年，第 2909 页。

永平十七年(74),明帝再遣窦固、耿秉等出敦煌昆仑塞,“击破白山虏于蒲类海上,遂入车师。初置西域都护、戊己校尉”[1],中原王朝在西域的统治秩序得以短暂恢复。在进攻北匈奴的同时,又派遣班超出使西域,班超在西域巧妙地实施“以夷制夷”的战略,不仅重新恢复了东汉与西域的联系,并且在极困难的情况下维持住了西域的局面,实现了断北匈奴“右臂”的战略构想。同时,也为东汉朝廷“以夷制夷”的边疆政策提供了成功的范例,对东汉日后在西域的经略产生了深远影响。

一、班超在西域的活动及“以夷制夷”策略的初步成功

永平十八年(75),明帝驾崩,焉耆、危须、尉犁和龟兹等国乘国中大丧,发动叛乱,攻杀都护陈睦、副校尉郭恂及吏士两千余人。北匈奴与车师亦发兵围戊己校尉关宠于柳中。章帝建初元年(76)春,遣酒泉太守段彭破车师于交河城,迎还戊己校尉,罢置都护,并于次年罢伊吾屯田,伊吾地区再次落入北匈奴之手。此后,西域与中原断绝关系竟达十余年之久。但在此间,被派至西域的使者班超在诸国间的积极活动,不仅一定程度上稳定了西域的局势,而且取得了很大的成功。

早在永平十六年(73)窦固出击北匈奴时,便以班超为假司马,在击伊吾之战中,班超建功颇著。此后,窦固便派他和从事郭恂一起出使联络西域诸国。班超先至鄯善,纵火烧杀匈奴使者,迫使鄯善纳子为质。后明帝又以班超为军司马,再使西域。此次,班超先到于寘。时于寘刚刚攻灭莎车,气焰嚣张,其王对班超等怠慢无礼,且其国俗信巫。而巫师又支持于寘王绝交于汉。班超于是杀巫师,而责于寘王广德。广德惧怕,于是斩杀匈奴使节,投降班超,归顺东汉。疏勒王兜题,为依附于匈奴的龟兹人所立,不为疏勒人民所喜。永平十七年(74)春,班超至疏勒,派遣吏士田虑活捉兜题,另立疏勒故王兄之子忠为王,深得疏勒民心。

永平十八年(75)明帝去世,焉耆等国反叛,杀都护,北匈奴与车师也兵围戊己校尉于柳中,西域形势大坏,龟兹、姑墨频频发兵攻疏勒,班超陷入孤立无援的困境,仅得与疏勒王忠呼应,勉力维持。章帝初即位,国内“大旱谷贵”[2],无

[1] [南朝宋]范晔:《后汉书》卷二《明帝纪》,北京:中华书局,1965年,第122页。

[2] [南朝宋]范晔:《后汉书》卷四十八《杨李翟应霍爰徐列传》,北京:中华书局,1965年,第1597页。

力继续经营西域，于是派兵迎回戊己校尉，弃置都护，并诏班超回国。当班超离开疏勒时，疏勒举国大恐，都尉黎弇竟至拔刀自刭。至于寘，其王侯以下尽抱其马腿，阻其东归。班超见诸国民心尚有可为，且其本身欲“效傅介子、张骞立功异域，以取封侯”[1]，于是折返疏勒，捕斩叛者，击破尉头，斩杀六百余级，稳定了疏勒的局势。此后，班超便以疏勒为根据地，利用西域亲附汉朝的势力，逐步讨平西域，使西域地区重回汉朝的统治之下。

建初三年(78)，班超征调疏勒、于寘、拘弥等国兵万人，攻破姑墨石城，斩首七百级。

建初五年(80)，班超欲借此戡平西域，上书言经略西域之便，请兵增援，为章帝所允，遣假司马徐干率千人赴西域增援班超。此前，莎车疑汉兵不能出，投降龟兹，疏勒都尉番辰也已叛汉。徐干到后与班超联兵，大破番辰，斩首一千多级。

建初八年(83)，东汉拜班超为将兵长史，以徐干为军司马，另遣卫侯李邑护送乌孙使者，赐大小昆弥以下锦帛，希望能和乌孙合力攻龟兹。

元和元年(84)，章帝再派假司马和恭等将兵八百人往助班超。班超得和恭之援，并发疏勒、于寘兵击莎车。莎车以重利引诱疏勒王忠背叛班超。班超另立忠的府丞成大为王，发不反的疏勒人攻忠。但因康居以精兵救援忠，使得班超攻打了半年，始终无功。时康居与月氏联姻，关系密切，班超便遣使厚赂月氏王，令其劝说康居罢兵。此后，康居罢兵，并将忠带回康居。

元和三年(86)，忠向康居王借兵，回到疏勒，占领桢中城，并与龟兹密谋遣使诈降班超。班超将计就计，杀死了忠，击溃其众，打通了西域南道。

章和元年(87)，班超发于寘等国兵二万五千人击莎车，龟兹派左将军率温宿、姑墨、尉头国兵五万人救莎车。班超设计击退援军，追斩五千余人，虏获大量马畜财物。莎车投降，龟兹等国兵败退，班超威震西域。

在东汉放弃西域的大前提下，班超在没有强大军力支持的情况下，仍旧在西域取得了极大的成功，一方面固然是因为此时北匈奴力量已经极大衰弱，其势力不能深入控制西域，但最主要的还是在西域成功地实施了“以夷制夷”的策略。纵观这一时期班超在西域的经略，其所利用的基本力量，是亲汉的疏勒、于寘政权。先后讨平疏勒的反叛势力，击降莎车，大败龟兹等国，打通了西域南道，并控制了南道上的大部分国家，为东汉重开西域的经营奠定了基础。

---

[1] [南朝宋]范晔：《后汉书》卷四十七《班梁列传》，北京：中华书局，1965年，第1571页。

二、和帝重开西域经营与"以夷制夷"策略在西域的广泛运用

章和二年(88),章帝去世,和帝即位,重开西域经营。先是于永元元年(89),派大将军窦宪大破北匈奴。次年,窦宪又遣副校尉阎槃率两千骑袭取伊吾,车师前后王皆遣子入侍,东汉赐以印绶金帛,西域北道亦被打通。永元二年(90),贵霜帝国(汉仍称其为月氏)派副王谢将兵七万进攻班超,班超组织诸国坚壁清野,以逸待劳。谢攻城不下,野战抄略又不所得,不得已求救于龟兹。班超伏兵截杀其使者,谢惊恐谢罪,班超命其归国,令月氏年年贡献,不复染指汉之西域。

永元三年(91),北单于为耿夔所破,不知所终,失去依托的龟兹、姑墨、温宿等国均向东汉投降。作为北道最有影响力的龟兹的归降,意味着东汉已在西域取得了绝对的优势,东汉统一西域的最大障碍不复存在,正如班超在其上书中所言:"若得龟兹,则西域未服者百分之一耳。"[1]于是,东汉复以班超为西域都护,治龟兹它乾城,以徐干为长史,治疏勒。大约西域都护恢复的同时,东汉也恢复了戊己校尉的设置,戊己校尉领兵五百人,屯于车师高昌壁;另置戊部候,屯驻车师后部城,两地相距约五百里。至此,除焉耆、危须、尉犁三国因曾参与攻杀都护陈睦的行动而心存疑虑未肯归附外,西域大体底定。

永元六年(94)秋,班超发龟兹、鄯善等八国兵七万人,以及屯驻西域的吏士、招募的商贾等一千四百人,讨伐焉耆等国,斩焉耆、尉犁二国王首,传送洛阳,另立元孟为焉耆王,并新立尉犁、危须、山国三国王,"西域五十余国悉皆纳质内属焉"[2]。此后,除安帝永初元年(107)至延光二年(123)暂时放弃西域之外,直至东汉灭亡,西域一直处于东汉的管辖之下。

随着东汉王朝对西域统治秩序的恢复,"以夷制夷"的政策更为广泛地应用于处理西域的地区事务。东汉政府之所以将"以夷制夷"作为经营西域的主要政策,其实是有其历史必然性的。首先,西域地区局势复杂,诸国间政治经济发展极不平衡,各国间因土地与权利的争夺,而矛盾重重,加之当地民族成分复杂,使得东汉王朝很难将行之于内地的郡县制度直接引入这一地区;而各国间的矛盾冲突,却为"以夷制夷"政策的推行提供了可行性,东汉王朝完全可以通

[1] [南朝宋]范晔:《后汉书》卷四十七《班梁列传》,北京:中华书局,1965 年,第 1575 页。

[2] [南朝宋]范晔:《后汉书》卷四十七《班梁列传》,北京:中华书局,1965 年,第 1582 页。

过拉拢一派打击一派的手法，通过扶植亲汉势力，来达到以夷治夷的目的。且西域诸国在政治、经济和军事方面都无法与东汉论短长，也有利于东汉王朝对其进行威慑与争取。其次，东汉王朝对西域的统治远比北匈奴宽松，除战时征发西域诸国的兵力与粮草物资以外，再无其他经济上的苛求，因此，匈奴及西域诸国更乐于臣属东汉。再次，经过永平和永元年间东汉王朝对北匈奴的征伐，匈奴的实力已被极大削弱，无力深入控制西域，客观上为东汉"以夷制夷"政策在西域的推行提供了条件。最后，以夷制夷符合了当权儒家人物"省中国之力"的原则，特别是班超利用西域诸国的力量统一西域实践的成功及"兵可不费中国而粮草自足"战略预期的实现，解决了东汉经营西域过程中的两大难题，"以夷制夷"的政策便成为东汉经营西域的核心政策。

东汉王朝以夷制夷在西域的应用，首先主要体现在军事方面，以夷制夷成为汉政府在西域的主要用兵方式[1]，今将东汉王朝自和帝以来以夷伐夷的军事行动表列如下。

表 1.2　东汉和帝以后使用西域夷兵表

时间	将领	征讨国	参与国	征伐结果	材料出处
永元六年(94)	班超	焉耆	发龟兹、鄯善等八国兵七万人	斩焉耆、尉犁二王首，传送洛阳	《后汉书·班超传》
延光三年(124)	班勇	车师前王庭	发鄯善、龟兹、姑墨、温宿步兵、骑兵一万多人	击走北匈奴伊蠡王，收降前部五千多人，车师前部重新开通	《后汉书·班勇传》
延光四年(125)	班勇	车师后部	率敦煌、张掖、酒泉六千骑以及鄯善、疏勒、车师前部兵	大破车师后部，活捉军就及匈奴持节使者	《后汉书·班勇传》
永建元年(126)	班勇	匈奴呼衍王	发诸国兵击匈奴呼衍王	匈奴呼衍王逃走，其部众两万余人投降	《后汉书·班勇传》
永建二年(127)	班勇	焉耆	发西域诸国兵四万多	焉耆王元孟战败，遣使乞降	《后汉书·班勇传》

东汉西域屯戍人员远较西汉时为少，察西汉西域经营最盛时，其屯戍亦不过

[1] 邢义田：《汉代的以夷制夷论》，《史原》1974 年第 5 期，第 9—54 页。

两千余人[1],东汉西域屯戍人员当低于此数。从上表可以看出,和帝之后在西域的几次大规模战争中,西域诸国兵是征调的主力;从征发的范围上,北道的龟兹、车师,南道的鄯善、疏勒、于窴等国均为应征之国。正是由于积极推行"以夷制夷"的政策,才保证了东汉在西域的军事行动的胜利,维护了东汉对西域的统治。

东汉不仅将"以夷制夷"的政策广泛地应用于军事方面,在政治方面也有积极应用,主要表现在以下两个方面。

其一,利用东汉王朝居于优势地位的物质与思想文化对西域诸国施加影响,在其内部扶植亲汉势力。如上述建初八年,东汉派遣卫侯李邑护送乌孙使者,赐大小昆弥以下锦帛,拉拢乌孙合力攻龟兹。永元二年(90),车师前后王皆遣子入侍,东汉赐以印绶金帛。永元三年(91),东汉王朝应班超之请,拜侍子白霸为龟兹王,遣司马姚光护送其归国,并与班超一起逼迫龟兹废其王尤利多,改立白霸为王。为了镇抚龟兹,东汉将西域都护的治所由乌垒移至龟兹它乾城。永元六年(94),班超又发兵斩杀背汉的焉耆、尉犁二国王,为尉犁、危须、山国三国改立亲汉的新王。

其二,人为设计制造矛盾,离间西域诸国内部及匈奴与西域诸国间的关系。班超在其出使和联络西域诸国时,将这一点运用得淋漓尽致,如永平年间(89—105),班超出使鄯善,烧杀匈奴使节,离间鄯善与匈奴的关系,使鄯善不得已纳质归汉。

此外,东汉王朝"以夷制夷"的政策,还体现在对西域诸国的行政管理层面的影响。东汉在对西域诸国的管理上,基本继承了西汉时期因其故俗而治的政策,除了西域都护与戊己校尉等重要职官由汉政府遣人担任外,西域诸国的官员仍多以本民族人员充任,汉廷则赐以印绶,予之权力以合法性。据《汉书·西域传》载,接受汉印绶的当地官员达三百七十六人之多,就东汉的情况,史无明载,但其数亦当不低于此。这些当地官员,只要表现出亲汉的倾向,其职位与特权便可为汉所维护;反之,则成为汉廷打击的对象。这样,诸国在向汉臣服之后,其上层原有的地位与权力并未受到侵害,还因为得到汉朝的扶持而更为巩固。而东汉也因得到当地民族上层贵族和部落首领的拥护,致使其对西域的统治也更为稳固。[2]

---

[1] 张春树:《古代屯田制度的原始与西汉河西、西域边塞上屯田制度之发展过程》,《屈万里先生七秩荣庆论文集》,联经出版事业公司印行,1978年,第595页。

[2] 高荣:《汉代对西北边疆的经营管理》,《中国边疆史地研究》1994年第4期,第66—67页。

三、"以夷制夷"对东汉经略西域的影响与局限性

"以夷制夷"政策的运用,对东汉王朝的西域经略产生了积极的影响。首先,意味着东汉在西域作战力量的加强及物资损耗的降低。由于东汉王朝长期与北匈奴及羌人作战,对东汉的军力和财力造成了极大的消耗,尤其是当羌人开始取代匈奴成为东汉最主要的边患。东汉一朝,自光武平陇右、收河西以来,汉羌间的军事冲突就持续不断,其间持续较长的战争就达五次之多[1],几乎贯穿东汉一朝,特别是东汉中后期以后,羌乱更是此起彼伏,再无宁日。长时期的汉羌冲突,致使东汉的人力与物力消耗巨大,不仅使东汉的军力捉襟见肘,而且形成了巨大的财政负担,段颖曾上书指出:"今处处寇贼,军兴用费加倍……伏计永初中,诸羌反叛,十有四年,用二百四十亿。永和之末,复经七载,用八十余亿。"[2]这使得东汉再无足够的人力和物力经略西域。动用西域诸国的兵力,无疑解决了东汉经营西域的兵源问题,而且相对减轻了东汉的财力负担。按例,就地征发西域诸国兵,往往由其本国负责供应,还可以给予东汉军队一定的后勤保障,这样就解决了由内地转运物资的困难,节约了军费开支,降低了经略西域的成本,实现了班超所谓的"兵可不费中国而粮草自足"的战略预期。

其二,西域地区地形复杂、环境恶劣,就地征发当地的兵士,可更为适应西域的作战环境,其战斗力也要强于东汉政府临时招募而来的兵卒,有利于军事活动的胜利。

"以夷制夷"的策略,虽给东汉在西域的经略带来了巨大的好处,但也带有极大的局限性,即"以夷制夷"策略能否成功实施,取决于东汉王朝整体实力的强弱及西域诸国的政治向背。

东汉王朝的国力强弱,直接影响着东汉在西域的经略。这主要是由两点决定的。

其一,西域地区多为国贫民弱的城邦国家,且地处汉与匈奴两大政治势力的战略缓冲地带,汉得西域,则断匈奴右臂;匈奴得西域,则汉之西北无宁日。因此,自张骞通西域以来,西域历来为汉匈争夺的焦点。西域诸国处于两强的夹缝之间,为求自保,往往唯利(力)是从,汉强则依附于汉,匈奴盛则归顺于匈奴。东汉王朝之所以三绝三通西域,既与东汉王朝的政策失误有关,也与汉匈

---

[1] 王勖:《东汉羌汉战争动因新探》,《中国边疆史地研究》2008年第2期,第15—16页。

[2] [南朝宋]范晔:《后汉书》卷六十五《段颖传》,北京:中华书局,1965年,第2148页。

双方在西域势力的消长有很大的关联性。如永平十七年(74),东汉在取得对北匈奴的胜利后,即于西域设立西域都护、戊己校尉,恢复对西域的统治。此后,和帝永元三年(91),北单于为耿夔所破,龟兹、姑墨、温宿诸国旋即向班超投降,东汉方得以班超为都护,徐干为长史,并恢复戊己校尉。安帝之时,由于羌人反叛,陇道断绝,东汉势力退出西域,西域诸国便再次倒向北匈奴,配合北匈奴侵扰东汉西北边地达十余年之久。直到延光二年(123),拜班勇为西域长史,将兵五百,西屯柳中,再开西域经营,西域各国才重新归附于汉。

其二,东汉国力的强弱,直接影响着东汉对西域的屯田与开发,尤其是屯田。可以说,屯田是东汉在西域推行"以夷制夷"政策的有力保障。东汉在西域的屯田始于永元十六年(104)所置宜禾都尉于伊吾卢的屯田。次年,汉军破车师,恢复西域都护和戊己校尉的建置。东汉的戊己校尉建置与西汉相同,既是领兵官,也是屯田官。屯田的直属区也由车师前部扩大到后部的金满城。同时,据刘光华先生研究,汉明帝末年恢复的西域屯田还有楼兰。[1] 这几处屯田除鄯善外,"皆为膏腴之地",鄯善也经由东汉的水利建设成为"灌侵沃野"。同时,这几处屯田又都位于西域东部的交通要道上,"自敦煌西出玉门、阳关,涉鄯善北通伊吾千余里,自伊吾北通车师前部高昌壁千二百里,自高昌壁北通后部金满城五百里,此其西域之门户"[2]。汉兵在这些具有重要战略意义的地点屯田戍守,无疑掌控了统治西域的主导权,对西域诸国形成有效的军事威慑,有力保障了东汉"以夷制夷"之策在西域的实施。日后,东汉在西域的屯田虽多有反复,但凡是条件允许,东汉王朝都会积极恢复这些屯田。即便是章帝内撤戊己校尉和罢伊吾屯田之时,在西域仍有小范围屯田存在。如班超曾于建初三年(78)的上书中提到"莎车、疏勒田地肥广,草木饶衍,不比敦煌、鄯善间也"[3],请求增兵,章帝遂遣徐干"将施刑及义从千人就超",似班超与徐干所将士卒与屯田有关。说明即便是在东汉整体放弃西域的背景下,仍有小部分屯田得以维持,并在一定程度上支援了班超在西域的活动。

东汉"以夷制夷"政策在西域的推行,除了受东汉的国力制约外,西域诸国的政治向背,也是"以夷制夷"政策能否成功实施的关键因素之一。西域本土的民族政权众多,仅内属于东汉的国家就有五十余国,其中包括诸如乌孙、龟兹、

[1] 刘光华:《汉代西北屯田研究》,兰州:兰州大学出版社,1988年,第168—170页。

[2] [南朝宋]范晔:《后汉书》卷八十八《西域传》,北京:中华书局,1965年,第2914页。

[3] [南朝宋]范晔:《后汉书》卷四十七《班梁列传》,北京:中华书局,1965年,第1576页。

莎车、于寘等西域大国，这些民族政权构成了东汉时期西域地区的重要政治势力。而以龟兹、焉耆为代表的北道诸国，因地近匈奴，对东汉王朝时叛时服，其政治向背，严重制约了东汉政府在西域的经略。

一方面，西域地方政权的反汉活动，几乎贯穿东汉始终，成为制约东汉在西域经略的主要因素之一。东汉数次放弃西域，在很大程度上是由于西域地方政权的叛乱所导致的。如永平十八年(75)，明帝去世，焉耆、危须、尉犁和龟兹等国趁国中大丧，攻杀都护陈睦与副校尉郭恂以下吏士两千余人；北匈奴与车师也围戊己校尉关宠于柳中，章帝不得已罢置西域都护与伊吾屯田，并派兵迎还戊己校尉。其后，和帝去世，西域诸国因不满西域都护任尚的苛政，发动叛乱，围攻任尚于疏勒，汉以梁慬为西域副校尉率河西羌人骑兵增援。不久，又因龟兹吏人不满汉军进入其王城，联结温宿、姑墨等合兵数万，围困梁慬等人。梁慬等出城迎战，连兵数月，斩首万余，龟兹方告平息。但由于在战争中大量征发羌人，且将吏贪暴，激起羌变，陇道断绝，东汉朝廷再罢都护，并罢伊吾、柳中屯田，东汉的势力再次撤出西域，西域诸国联结北匈奴侵扰西北边郡达十数年之久。

另一方面，部分西域政权以接受汉朝的印绶与封号的形式内附于东汉，成为东汉王朝经略西域的重要支柱，东汉政府通过他们实现了对西域的羁縻治理。如前文所述，当东汉王朝再绝西域时，班超正是利用了亲汉的疏勒、于寘政权的力量，先后平定了西域诸国的反叛，稳定住了西域的局势，奠定了东汉重开西域经营的基础。东汉政府也曾多次利用西域诸国联军的力量征讨域内的叛乱势力及域外的匈奴势力，如前文所罗列的东汉中期以来的历次重大军事行动中都有西域诸国联军的参与。

综上，“以夷制夷”政策的实施，对东汉王朝的西域经略产生了极大的影响，大大改变了东汉经营西域的历程。“以夷制夷”政策在西域的成功实施，使得东汉政府可以充分利用西域当地政权的力量，以最少的兵力与物资，实现对西域的有效控制，但同时也受诸多因素的制约，主要是受东汉王朝整体国力和西域地方势力政治向背的制约。这些因素相互交织，共同影响了东汉王朝“以夷制夷”为主的西域经略，特别是东汉王朝的整体国力，对东汉王朝“以夷制夷”西域经略的成败具有决定性的影响。

第五节 东汉中期西北边疆危机下的西域经略

东汉自安帝以降,政治腐败,吏治混乱,尤其是外戚、宦官交替专权,不仅严重削弱了中央集权,而且随着地方豪强势力的崛起,地方离心倾向增加。边境地区则面临着更为严峻的形势,尤其是西北地区频繁爆发的羌乱,逐渐取代了北方的匈奴,成为东汉王朝的心腹之患,造成了严重的危机,不仅导致西北边疆的动荡,而且影响了东汉王朝对西域的经略。

一、东汉第三次绝通西域与西北羌乱之关联

汉殇帝延平元年(106)九月,西域诸国再次叛乱。这次反叛的主要原因是西域都护任尚为政严苛、举措失宜。任尚在疏勒遭到反叛诸国围攻,不得已上书求救。东汉于是以梁慬为西域副校尉,领河西羌骑驰援。在梁慬到达之前,任尚之围已解。此后,东汉以段禧代任尚为西域都护,赵博为长史。

段禧与赵博屯驻它乾城,它乾城较小,梁慬以为不坚固。于是说服龟兹王白霸准其入驻龟兹王城,使龟兹吏人感到不满,进而引起了更大的叛乱,史载:"连兵数月,胡众败走,乘胜追击,凡斩首万余级,获生口数千人,骆驼畜产数万头,龟兹乃定。而道路尚隔,檄书不通岁余,朝廷忧之。"[1]

为了增援西域,东汉于安帝永初元年(107)夏,派遣骑都尉王弘发金城、陇西、汉阳羌骑数百千人往征西域。由于将吏的贪暴,激起了羌人的起义,《资治通鉴·汉纪》记述了此次羌乱的经过。

> 时诸降羌布在郡县,皆为吏人豪右所徭役,积以愁怨。安帝永初元年夏,遣骑都尉王弘发金城、陇西、汉阳羌数百千骑征西域,弘迫促发遣,群羌惧远屯不还,行到酒泉,多有散叛。诸郡各发兵徼遮,或覆其庐落。于是勒姐、当煎大豪东岸等愈惊,遂同时奔溃。麻奴兄弟因此遂与种人俱西出塞。先零别种滇零与钟羌诸种大为寇掠,断陇道。[2]

此次羌人的起义,最直接的原因是东汉王朝征发三郡羌骑征西域,羌人怕

[1] [南朝宋]范晔:《后汉书》卷四十七《班梁列传》,北京:中华书局,1965年,第1591页。

[2] [宋]司马光:《资治通鉴》卷四十九《汉纪四十一》,北京:中华书局,1956年,第1570页。

远屯不归，征发者又“迫促发遣”，导致羌人揭竿而起。而更深层次的原因是东汉官僚与地方豪强对羌人的长期奴役压迫，激起羌人极大的不满。最早响应起义的是勒姐羌和当煎羌。勒姐羌初居于金城郡湟水中游的勒姐溪，后来发展至陇西郡境内。当煎羌的居地与勒姐羌相近。勒姐羌与当煎羌起义后不久，滇零羌和钟羌等羌人部落也加入了叛乱。滇零羌是先零羌的一个部落，居陇西塞南，与钟羌相连。钟羌又称钟存羌，在滇零羌东南。钟羌先败汉车骑将军邓骘于冀西，滇零又战汉军于平襄，汉与河西、西域的交通被羌人切断。

面对汹汹而至的羌人大起义，东汉王朝不得不收缩兵力，全力进剿叛乱诸羌，地处险远且数有叛乱的西域成为东汉王朝首先放弃的边地。永初元年(107)六月，安帝下诏罢西域都护，并派遣骑都尉王弘发关中兵迎还副校尉梁慬、都护段禧、长史赵博及伊吾、柳中的屯田吏士。次年春，当梁慬返回敦煌时，朝廷命其所部与西进之汉军共同围剿诸羌叛军。梁慬先至张掖日勒，大破诸羌万余人，又乘胜追至昭武，“虏遂散走，其能脱者十二三。及至姑藏，羌大豪三百余人诣慬降”[1]，东汉重新恢复了对河西四郡的控制，但金城以东的羌乱仍炙。史载：

> (二年)于是滇零等自称“天子”于北地，招集武都、参狼、上郡、西河诸杂种，众遂大盛，东犯赵、魏，南入益州，杀汉中太守董炳，遂寇抄三辅，断陇道。三年春，众羌乘胜，当煎、勒姐种攻没破羌县，钟羌又没临洮县，生得陇西南部都尉。明年春，滇零遣人寇褒中，烙烧邮亭，大掠百姓。五年春，羌遂入寇河东，至河内，百姓相惊，多奔南渡河。[2]

可见，此时的滇零不仅自称“天子”于北地，以陇西、北地、汉阳三郡为中心，建立起与东汉对立的政权，而且召集了武都、参狼、上郡、西河诸杂种羌，将金城、陇西诸起义部落连为一片，大大升级了战争的规模。此后，不仅并州、凉州诸郡县饱受羌乱之祸，甚至益州的汉中郡及直属司隶的三辅、河东与河内诸郡也为羌乱所困，直接威胁到东汉的核心洛阳地区。东汉王朝不得不再次收缩防线，徙金城郡于襄武，不久又将陇西郡郡治从狄道迁至襄武，安定郡治徙美阳，

[1] [南朝宋]范晔：《后汉书》卷四十七《班梁列传》，北京：中华书局，1965年，第1592页。

[2] [南朝宋]范晔：《后汉书》卷八十七《西羌传》，北京：中华书局，1965年，第2886—2887页。

北地郡治徙池阳，护羌校尉徙张掖。在迁徙各郡治所的同时，东汉又不顾百姓的安土重迁，对各郡进行了野蛮、残酷的破坏，据《后汉书·西羌传》记载：

百姓恋土，不乐去旧，遂乃刈其禾稼，发彻室屋，夷营壁，破积蓄。时连旱蝗饥荒，而驱蹙劫略，流离分散，随道死亡，或弃捐老弱，或为人仆妾，丧其太半。[1]

东汉王朝此次迁徙诸郡治，不仅意味着大半个凉州的沦陷，而且放弃了对通往河西、西域的交通线的控制。在郡治内撤的同时，采取了破坏庄稼、拆毁房屋、劫掠百姓等苛暴行为，使自西汉以来数百年的经营毁于一旦。一时之间，东汉王朝不仅无力维护遥远西域的统治秩序，甚至连凉州的统治秩序都无法维持。直至元初五年(118)，零昌、狼莫相继死去，叛乱诸羌分崩瓦解，凉州的局面才逐渐稳定下来。

随着羌乱的平息，西域再次成为东汉王朝关注的问题。自东汉放弃西域，全力应付凉州羌乱的十余年间，北匈奴残余势力再次收属诸国，不断侵扰东汉西北边疆。

元初六年(119)，敦煌太守曹宗派行长史索班率千余人屯田伊吾，招抚西域诸国，车师前王和鄯善王先后来归。但至次年三月，索班便被北匈奴率车师后王军就等攻杀，并逐走了车师前王，鄯善王逼急，求救于曹宗。曹宗因此“请出兵击匈奴，报索班之耻，复欲进取西域”。至此，是否再次打通西域的问题，成了东汉王朝重点讨论的问题，并引起了东汉王朝西域政策的调整。

二、安帝延光二年至顺帝永建末的西域政策

关于是否开通西域，东汉朝野多有异议，公卿多以为应该封闭玉门关，放弃西域。唯有班勇积极反对，并建议恢复敦煌郡营兵三百人，复置护西域副校尉居敦煌，再遣西域长史将五百人屯楼兰，“西当焉耆、龟兹径路，南强鄯善、于窴心胆，北扞匈奴，东近敦煌”[2]。可能由于此时羌乱尚未完全平息，主政的邓太后仅仅部分采纳了班勇的主张，置护西域副校尉，领兵三百，屯敦煌，负责处理

[1] [南朝宋]范晔：《后汉书》卷八十七《西羌传》，北京：中华书局，1965年，第2888页。
[2] [南朝宋]范晔：《后汉书》卷四十七《班梁列传》，北京：中华书局，1965年，第1588页。

西域事务，终未能出塞。然而此举，未能有效阻止北匈奴与车师对河西的侵扰。

延光二年(123)，敦煌太守张珰上书陈三策，以为："北虏呼衍王常展转蒲类、秦海之间，专制西域，共为寇钞。今以酒泉属国吏士二千余人集昆仑塞，先击呼衍王，绝其根本，因发鄯善兵五千人胁车师后部，此上计也。若不能出兵，可置军司马，将士五百人，四郡供其犁牛、谷食，出据柳中，此中计也。如又不能，则宜弃交河城，收鄯善等悉使入塞，此下计也。"[1]张珰的建议，得到了尚书陈忠的支持，并进一步提出"今北虏已破车师，势必南攻鄯善，弃而不救，则诸国从矣。若然，则虏财贿益增，胆势益殖，威临南羌，与之交连。如此，河西四郡危矣。河西既危，不得不救，则百倍之役兴，不訾之费发矣"[2]，主张重开西域经略，以"西抚诸国，庶足折冲万里，震怖匈奴"。安帝采纳了他的建议，以班勇为西域长史，将兵五百，西屯柳中。

延光三年(124)正月，班勇抵楼兰，鄯善、龟兹、姑墨及温宿等国先后归附。班勇发诸国步兵、骑兵万余人共车师前王庭，击走北匈奴伊蠡王，收降车师前部五千余人，车师前部重被开通。

延光四年(125)秋，班勇率敦煌、张掖、酒泉六千骑及鄯善、疏勒、车师前部诸国联军攻破车师后部，生俘军就及匈奴持节使者。

汉顺帝永建元年(126)，班勇立车师后部故王之子加特奴为车师后王，后又斩杀匈奴所立东且弥王，另立东且弥人为王。至此，临近匈奴的天山东麓诸国完全平定。同年冬，班勇发诸国兵击匈奴呼衍王，呼衍王败走，其部众 2 万余人投降。北匈奴单于亲率 1 万多骑反攻后部，被班勇所遣假司马曹俊击退。此后，呼衍王远徙，车师不复见匈奴骑兵，城郭诸国得保平安。

永建二年(127)，班勇发西域诸国兵 4 万多，分两路进击焉耆，顺帝遣敦煌太守张朗率河西四郡兵 3000 人配合班勇行动。焉耆王元孟战败乞降，张朗受降而还。焉耆降后，疏勒、于窴、莎车诸国纷纷内附，塔里木盆地诸国再次内属，只是天山以北的乌孙和葱岭以西的大宛等国未再成为东汉的属国。

至永建六年(131)，顺帝以伊吾土地肥沃，下令重开屯田，置伊吾司马一人，东汉在西域的经营再次进入高峰期。

通过前文分析来看，自安帝延光二年至顺帝永建年间，东汉王朝的西域政策逐步由以前的放弃政策转向积极的进取政策，首先得益于此时东汉西北边疆

---

[1] [南朝宋]范晔：《后汉书》卷八十八《西域传》，北京：中华书局，1965 年，第 2911 页。

[2] [南朝宋]范晔：《后汉书》卷八十八《西域传》，北京：中华书局，1965 年，第 2912 页。

形势的好转。永初五年(111)以后,西北的羌乱已经基本得以平定,东汉政府开始逐步恢复凉州诸郡的建设。至永建四年(129),受羌乱肆虐最深的东部诸郡守也“各回旧县,修城郭,置候驿”[1],中西交通亦得以畅通,河西诸郡局势也因之稳定。东汉在西域的经营,因得到河西诸郡包括武力在内的有力支持,变得更为积极主动,如前文提到的延光四年,班勇率敦煌、张掖、酒泉6000骑及鄯善、疏勒、车师前部诸国联军进攻车师后部;永建二年(127),顺帝遣敦煌太守张朗率河西四郡兵3000人配合班勇行动等。正是在河西军力的支持下,东汉王朝才得以再次将西域的经略推向高峰。

其次,此时北匈奴的力量已经十分虚弱,其势力不足以深入控制西域,在此之前,北匈奴之所以能够裹挟西域诸国侵扰东汉边境达十数年之久,在于羌乱的爆发,曾一度控制凉州东部诸郡县,并切断了河西的交通路线[2],东汉难以调动大批兵力镇守河西。随着羌乱的平息,东汉重新将注意力转向西域,北匈奴再次成为东汉经营西域的障碍。于是,永建元年(126),在东汉与西域联军的打击下,匈奴呼衍王败走,所部2万余人降汉,匈奴单于自率万余人来犯,亦被击退。至此,北匈奴远徙,不复成为西域的威胁。

最后,羌乱爆发,导致凉州东部大部分郡县陷入混乱,兵锋一度波及三辅、河东与河内诸郡,对洛阳等东汉政治核心区构成极大的威胁。这使东汉政府意识到了凉州的重要性,然“欲保秦陇,必固河西;欲固河西,必斥西域”[3],若弃西域,则河西难以独存,且放弃西域,无疑会使北匈奴“财贿益增,胆势益殖,威临南羌,与之交连”,带来更为严重的后果。可以说,此时西域的战略地位已经与河西、陇右紧密相连,牵一发而动全身。一方面,河西、陇右爆发的羌乱直接对东汉王朝在西域的经略产生了极大制约,致使东汉王朝一度甚至不得不放弃西域;另一方面,西域的丢失,又使河西地区陷入匈奴与羌人的东西夹击的不利局面。因此,为了巩固河西,东汉王朝重开西域经略是必然之举。

因此,东汉王朝第三次开通西域,主要是基于河西局势的稳定,可为东汉在西域的经略提供有力支持的前提下展开的,另外也与北匈奴的衰弱及西域战略地位的上升有关。

---

[1] [南朝宋]范晔:《后汉书》卷八十七《西羌传》,北京:中华书局,1965年,第2893页。

[2] 王宗维:《汉代丝绸之路的咽喉——河西路》,北京:昆仑出版社,2001年,第117—118页。

[3] 顾祖禹:《读史方舆纪要》卷六十三《甘肃镇》,上海:上海书店出版社,1998年,第433页。

三、羌乱的再起与西域"不弃而弃"

顺帝永和初年，为了镇服西羌，东汉王朝以刘秉为凉州刺史，加强对诸郡的统治。刘秉到任后，横征暴敛，对诸羌实施苛刻的民族政策，终于激起羌人的愤怒。于是，烧当、且冻、傅难等羌族部落揭竿而起，远近响应，羌乱再次爆发，且扩大化倾向不断加剧，进一步将暴动推向新的高峰。

此次暴乱，直至汉冲帝永嘉元年(145)才稍告平息，今将《后汉书·西羌传》中关于顺帝永和三年(138)到冲帝永嘉元年(145)间羌人暴动情况表列如下。

表 1.3　东汉中期羌人暴动表(138—145)

时间	暴乱参与者	事件记载
永和三年 (138)	烧当羌	烧当种那离等三千余骑寇金城塞，护羌校尉马贤击破之，羌遂相招而叛。
永和五年夏 (140)	且冻羌 傅难羌	且冻、傅难种羌等遂反叛，攻金城，与西塞及湟中杂种羌胡大寇三辅，杀害长吏。
永和五年九月	且冻羌	且冻分遣种人寇武都，烧陇关，掠苑马。
永和六年三月 (141)	巩唐羌	巩唐羌寇陇西，遂及三辅。
永和六年五月	巩唐羌	巩唐羌寇北地。
永和六年五月	诸种	诸种八九千骑寇武威，凉部震恐。
汉安二年四月 (143)	烧何羌	护羌校尉赵冲与汉阳太守张贡击烧何羌于参䜌，破之。
汉安二年冬	烧当羌	赵冲击烧当于阿阳，破之。
建康元年 (144)	护羌从事 降胡	护羌从事马玄遂为诸羌所诱，将羌众亡出塞。赵冲复追叛羌，所将降胡六百余人叛走，羌由是衰耗。
永嘉元年 (145)	离湳、狐奴	离湳、狐奴等五万余户诣并降，陇右复平。

此次羌乱，至永和五年(140)已经达到相当大的规模，叛乱的诸羌攻汉金城郡，并联合湟水流域各羌、胡部落从陇西东进，掠武都，烧陇关，寇三辅。东汉政府在上述郡县的守令再次弃土东逃，汉阳、陇西、金城等郡县形势大坏，通河西、西域的道路再次断绝。

次年，诸羌又攻占北地、安定等郡地，并有八九千骑侵入武威，“凉部震恐”。其间，北地太守贾福与武威太守赵冲出兵镇压，均为羌人所败。于是，东汉政府被迫迁安定郡治于扶风，徙北地郡治于冯翊，同时遣车骑将军张乔率左右羽林五校士及河内、南阳、汝南等兵一万五千人屯三辅，防堵乱羌。

此次防线的收缩，较之永初羌乱，更为偏内，近乎使本处于东汉腹地的三辅地区成为边防前线。此后，朝廷虽然多次用兵西羌，但基本态势是东汉的防线日益内缩，凉州的统治秩序陷入崩溃之中。据《后汉书》记载：

> 延熹二年，迁护羌校尉。会烧当、烧何、当煎、勒姐等八种羌寇陇西、金城塞。
>
> 明年，馀羌复与烧何大豪寇张掖，攻没巨鹿坞……冬，勒姐、零吾种围允街，杀略吏民。
>
> 四年冬，上郡沈氐、陇西牢姐、乌吾诸种羌共寇并、凉二州……羌遂陆梁，覆没营坞，转相招结，唐突诸郡……时，滇那等诸种羌五六千人寇武威、张掖、酒泉，烧人庐舍。六年，寇势转盛，凉州几亡。
>
> 八年春，颎复击勒姐种……夏，进军击当煎种于湟中……自春及秋，无日不战。
>
> 永康元年，当煎诸种复反，合四千余人，欲攻武威，颎复追击于鸾鸟。
>
> 建宁元年春，颎将兵万余人，赍十五日粮，从彭阳直至高平，与先零羌诸种战于逢义山。[1]

以上是护羌校尉段颎与西羌战斗的过程与范围。自延熹二年(159)至建宁元年(168)前后十年时间里，汉羌双方在东近三辅、北至北地、西及河西酒泉的广大区域内反复征战，整个凉州刺史部除敦煌郡以外，凉州局势几乎失控，而且波及并州、三辅及益州等邻近地区，将本应由凉州承担的边防重任转移到了关内诸郡，汉朝与河西、西域的联系几乎为羌人所隔断。这种状态一直延续到汉末，朝廷在西域的统治可谓有其形而无其实，仅仅是维持着一种政治存在，这一点从东汉政府对西域诸事务的处理态度上可窥见一斑。

(1)于窴与拘弥的纷争与西域长史王敬被杀事件。顺帝永建四年(129)，于

---

[1] [南朝宋]范晔：《后汉书》卷六十五《皇甫张段列传》，北京：中华书局，1965 年，第 2146—2149 页。

寘王放前擅杀拘弥王兴,自立其子为拘弥王,并与其子遣使向东汉贡献。永建六年,放前又接连遣使贡献。敦煌太守徐由请求朝廷征讨于寘,但不为顺帝所允,而是赦免放前之罪,仅命其复立拘弥王。而放前竟拒不从命,于是阳嘉元年(132),徐由命疏勒王臣磐发兵二万击破于寘,另立前拘弥王兴的族人成国为拘弥王。

桓帝元嘉元年(151),西域长史赵评在于寘病没。次年,东汉以王敬继任西域长史。王敬赴任途中过拘弥国,拘弥王成国与于寘王建不睦,诬称赵评为建毒死,王敬贪立功名,设计杀于寘王建。于寘将输僰不服,攻杀王敬。后输僰欲自立为王,于寘国人又杀输僰,立建子安国为王。敦煌太守马达闻讯欲率郡兵往攻于寘,被桓帝所阻,并召回马达,以宋亮代为敦煌太守。宋亮到任后,竟不能出兵,王敬事件不了了之,于寘因此毫无顾忌,大肆攻掠拘弥国。至灵帝熹平四年(175),"于寘王安国攻拘弥大破之,杀其王,死者甚重。戊己校尉、西域长史各发兵辅立拘弥侍子定兴为王"[1]。经此一番斗争,东汉虽发兵辅立拘弥王,但终未能讨伐于寘。

(2)阿罗多争国事件。桓帝永兴元年(153),车师后部王阿罗多与戊部候严皓不和,怒而反叛,围攻东汉屯田的且固城,杀伤吏士。由于后部候炭遮率众叛阿罗多降汉,阿罗多逼急,率其妻子从者百余骑亡入北匈奴。于是,敦煌太守宋亮奏请立后部故王军就的质子卑君为后部王。卑君立后不久,阿罗多从匈奴中还,与卑君争国。戊校尉阎详担心阿罗多招来北匈奴,扰乱西域,竟收夺所赐卑君印绶,复立阿罗多为王。

(3)和得自立为疏勒王事件。顺帝永建二年(127),疏勒王臣磐遣使奉献,被顺帝拜为汉大都尉,兄子臣勋为守国司马。此后,永建五年和阳嘉二年,臣磐又先后遣子入侍贡献。在灵帝建宁元年(168)时,疏勒王汉大都尉在狩猎途中被其季父和得射杀,和得自立为王。建宁三年(170),凉州刺史孟佗派从事任涉将敦煌兵五百人,与戊部司马曹宽、西域长史张晏将焉耆、龟兹、车师前后部,共3万多人,讨疏勒,围攻四十余天,迫使和得投降,汉军返回。此后,"疏勒王连相杀害"[2],东汉朝廷已不能禁止。

纵观顺帝以来的整个形势,东汉王朝始终忙于镇压羌人的反叛,并未认真地经营西域。直至汉末,再也没能将西域的经营推向高峰,中原王朝在西域的

---

[1] [南朝宋]范晔:《后汉书》卷八十八《西域传》,北京:中华书局,1965年,第2915页。
[2] [南朝宋]范晔:《后汉书》卷八十八《西域传》,北京:中华书局,1965年,第2927页。

影响力大大降低，“自魏及晋，中原多故，西域朝贡不过三四国焉”[1]，这里说的虽然是曹魏时期的情况，但汉末中原王朝与西域的关系也大抵如是。此时的东汉只能依靠设在高昌的戊己校尉，对周边地区施加影响。附近诸国与中原政权大致维持着君臣关系。汉灵帝建宁三年，西域长史张晏尚能征发焉耆、龟兹、车师前后部共三万余人围攻并迫降疏勒。而离高昌较远的于寘、疏勒两国则不甚受到东汉的节制，至于西域其他大部分地区与东汉王朝的关系更为疏远，甚至根本没有交往。总之，东汉政府大体上只能维持对天山东麓以高昌—柳中为核心的几个西域政权的控制，西域地区不弃而弃。

[1]［唐］杜佑：《通典》卷一九一《边防七・西戎总序》，北京：中华书局，1988 年，第 5197 页。

第六节　汉代西域质侍体系[1]

两汉王朝对西域的经营，不仅对中国的边疆与民族发展产生了深远影响，也改变了西域地区的地缘政治格局。其中，同西域地区诸国间逐渐确立的宗属关系就是两汉王朝处理与西域关系的一个典型代表。无论从历史学角度，还是从政治学、经济学、文化学、外交学及民族学等角度来考察双方之间的交往融合，都有不可低估的学术价值。在探讨两汉王朝同西域诸国之间的宗属关系时，一些具有代表性的政治制度、经济制度及重大历史事件、重要的历史人物等，业已成为学界关注的焦点，研究既深，成果颇丰。然而笔者注意到，对于两汉王朝同西域诸国间宗属关系的维系与制度建设，目前尚未引起学界的重视，仍有进一步发掘的必要，质侍制度就是其中之一。

西域以两汉为中心的质侍体系形成于武帝晚期，消亡于魏晋时期，几乎涵盖了两汉王朝经营西域的整个发展历程，也是两汉西域历史上十分重要的政治现实。它伴随两汉王朝与西域诸国之间宗属关系的确立而形成，是西域诸国向两汉中央王朝以献纳本国贵族子弟入质(侍)为标志的一种属国与宗主国间的权力、义务关系，是双边关系中一种特殊的政治外交制度。它多层次、多角度地反映了两汉王朝同西域诸国间交往的内容和实质。

一、以两汉中央王朝为核心的西域质侍体系

“质侍”是汉代外交的重要方式之一。汉代于西域所行的质侍制度，其目的在于确立汉中央与西域属国之君臣关系。派遣侍子，于西域诸国而言，是表示其归顺之诚心；于汉朝而言，则纳质以为要挟，借此以巩固双方之关系。见于史籍记载的西域诸国遣子入侍之事，最早始自楼兰，时在武帝元封年间(前 110—前 105)赵破奴虏楼兰王后。据《汉书・西域传》载：“楼兰降服贡献，匈奴闻，发兵击之。于是楼兰遣一子质匈奴，一子质汉。”[2]太初年间(前 104—前 101)，

[1] 最早将“质侍”作为汉代外交的重要方式进行关注的是黎虎先生，其在《汉代外交体制研究》一书中辟专文论述汉代的“质侍”制度的内涵与特点，详见《汉代外交体制研究》(上册)，北京：商务印书馆，2014 年，第 484、489－491 页。本书所述“质侍”制度，即借鉴了黎虎先生提出的概念。

[2] [汉]班固：《汉书》卷九十六上《西域传》，北京：中华书局，1962 年，第 3877 页。

李广利伐大宛，降其国，后又纳其质，《史记·大宛列传》记载："立毋寡弟蝉封为宛王，而遣其子入质于汉。"[1]自此而后，西域诸国纷纷遣子入侍，渐成定制。《汉书·西域传》在武帝轮台诏中回忆征和四年开陵侯击车师之事时提道："前开陵侯击车师时，危须、尉犁、楼兰六国子弟在京师者皆先归，发畜食迎汉军，又自发兵，凡数万人，王各自将，共围车师，降其王。"[2]可见，武帝之时，遣子入侍者已有多国，纳质已为常例。都护建后，西域诸国内属，诸国与汉之君臣关系已然确立，遣子入侍，成为诸国表示臣属的应有之义务。今兹将两汉西域诸国遣质行为表列如下。

表 1.4　汉代西域质侍表

年代	受质方	纳质方	情状	质侍身份	资料出处
元封四年（前 107）	匈奴 西汉	楼兰	元封三年十二月赵破奴虏楼兰王。楼兰既降服贡献，匈奴闻，发兵击之。于是楼兰遣一子质匈奴，一子质汉	子	《汉书》卷九十六上《西域传》，第 3876—3877 页
太初四年（前 101）	龟兹 西汉	杅弥	贰师将军李广利击大宛，还过杅弥，杅弥遣太子赖丹为质于龟兹。广利责龟兹曰："外国皆臣属于汉，龟兹何以得受杅弥质？"即将赖丹入至京师	太子	《汉书》卷九十六下《西域传》，第 3916 页
太初四年（前 101）	西汉	西域大宛东诸国	贰师将军之东，诸所过小国闻大宛破，皆使其子弟从军入献，见天子，因以为质焉	子弟	《史记》卷一百二十三《大宛列传》，第 3178 页
天汉元年（前 100）	西汉	大宛	大宛贵人立毋寡弟蝉封为宛王，而遣其子入质于汉	子	《史记》卷一百二十三《大宛列传》，第 3179 页

[1] [汉]班固：《汉书》卷九十六上《西域传》，北京：中华书局，1962 年，第 3895 页。
[2] [汉]班固：《汉书》卷九十六下《西域传》，北京：中华书局，1962 年，第 3913 页。

续表

年代	受质方	纳质方	情状	质侍身份	资料出处
征和元年（前92）	西汉 匈奴	楼兰	征和元年，楼兰王死，国人来请质子在汉者，欲立之。质子常坐汉法，下蚕室宫刑，故不遣。报曰："侍子，天子爱之，不能遣。其更立其次当立者。"楼兰更立王，汉复责其质子，亦遣一子质匈奴	子	《汉书》卷九十六上《西域传》，第3877页
元凤四年（前77）	西汉	楼兰	傅介子出使楼兰，刺杀楼兰王，告谕以"王负汉罪，天子遣我来诛王，当更立前太子质在汉者"	太子	《汉书》卷七十《傅常郑甘陈段传》，第3002页
本始三年（前71）	匈奴	车师	车师复通于汉。匈奴怒，召其太子军宿，欲以为质。军宿，焉耆外孙，不欲质匈奴，亡走焉耆，车师王更立子乌贵为太子	太子	《汉书》卷九十六下《西域传》，第3922页
五凤四年（前54）	西汉	乌孙	汉使卫司马魏和意、副候任昌送侍子还乌孙		《汉书》卷九十六下《西域传》，第3906页
元帝时	西汉	莎车	莎车王于元帝时，尝为侍子，长于京师，慕乐中国，亦复参其典法。常敕诸子，当世奉汉家，不可负也	子	《后汉书》卷八十八《西域传》，第2923页
建始四年（前29）	西汉	康居	陈汤上书言康居王侍子非王子也。按验，实王子也。汤下狱当死。太中大夫谷永上疏讼汤，书奏，天子出汤，夺爵为士伍	王子	《汉书》卷七十《傅常郑甘陈段传》，第3008页

续表

年代	受质方	纳质方	情状	质侍身份	资料出处
成帝时	西汉	康居	至成帝时，康居遣子侍汉，贡献，然自以绝远，独骄嫚，不肯与诸国相望	子	《汉书》卷九十六上《西域传》，第3892页
永始元年（前16）	西汉	乌孙	小昆弥末振将恐为所并，使贵人乌日领诈降刺杀雌栗靡。汉没入小昆弥侍子在京师者	子	《汉书》卷九十六下《西域传》，第3909页
建平二年（前5）	匈奴	乌孙	乌孙庶子卑爰疐翕侯人众入匈奴西界，寇盗牛畜，颇杀其民。单于闻之，遣左大当户乌夷泠将五千骑击乌孙，杀数百人，略千余人，驱牛畜去。卑爰疐恐，遣子趋逯为质匈奴。单于受，以状闻。汉遣中郎将丁野林、副校尉公乘音使匈奴，责让单于，告令还归卑爰疐质子。单于受诏，遣归	子	《汉书》卷九十四下《匈奴传》，第3811页
元始二年（2）	西汉	乌孙	送乌孙归义侯侍子	子	《敦煌悬泉汉简释粹》I 0116S.14:211
建武以来	东汉	西域诸国	西域大国莎车、于窴之属，数遣使置质于汉，愿请属都护。圣上远览古今，因时之宜，羁縻不绝，辞而未许		《汉书》卷九十六下《西域传》，第3930页

续表

年代	受质方	纳质方	情状	质侍身份	资料出处
建武二十一年(45)	东汉	西域诸国	二十一年冬，车师前王、鄯善、焉耆等十八国俱遣子入侍，献其珍宝。及得见，皆流涕稽首，愿得都护。天子以中国初定，北边未服，皆还其侍子，厚赏赐之。诸国闻都护不出，而侍子皆还，大忧恐，乃与敦煌太守檄，愿留侍子以示莎车，言侍子见留，都护寻出，冀且息其兵。裴遵以状闻，天子许之 车师与鄯善、焉耆遣子入侍，光武遣还之，乃附属匈奴	子	《后汉书》卷一下《光武帝纪》，第73页；《后汉书》卷八十八《西域传》，第2924、2929页
建武二十二年(46)	东汉	西域诸国	鄯善、焉耆诸国侍子久留敦煌，愁思，皆亡归。鄯善王上书，愿复遣子入侍，更请都护。都护不出，诚迫于匈奴。天子报曰："今使者大兵未能得出，如诸国力不从心，东西南北自在也。"于是鄯善、车师复附匈奴，而莎车王贤益横	子	《后汉书》卷八十八《西域传》，第2924页
永平十六年(73)	东汉	于窴诸国	明帝乃命将帅北征匈奴，取伊吾卢地，置宜禾都尉以屯田，遂通西域，于窴诸国皆遣子入侍。西域自绝六十五载，乃复通焉	子	《后汉书》卷八十八《西域传》，第2909页
永平十六年(73)	东汉	鄯善	班超于是召鄯善王广，以北匈奴使者首示之，一国震怖。超晓告抚慰，遂纳子为质	子	《后汉书》卷四十七《班梁列传》，第1573页

续表

年代	受质方	纳质方	情状	质侍身份	资料出处
永平十七年（74）	东汉	西域诸国	是岁，甘露乃降，树枝内附……西域诸国遣子来侍	子	《后汉书》卷二《明帝纪》，第121页
永平十七年（74）	东汉	乌孙	始置西域都护、戊己校尉，……移檄乌孙，示汉威德，大昆弥以下皆欢喜，遣使献名马，及奉宣帝时所赐公主博具，愿遣子入侍。（耿）恭乃发使赍金帛，迎其侍子	子	《后汉书》卷十九《耿弇列传》，第720页
建初五年（80）	东汉	龟兹	班超上疏曰："今拘弥、莎车、疏勒、月氏、乌孙、康居复愿归附，欲共并力破灭龟兹，平通汉道。若得龟兹，则西域未服者百分之一耳。今宜拜龟兹侍子白霸为其国王，以步骑数百送之，与诸国连兵，岁月之间，龟兹可禽。"	子	《后汉书》卷四十七《班梁列传》，第1575—1576页
建初八年（83）	东汉	乌孙	李邑盛毁班超拥爱妻，抱爱子，安乐外国，无内顾心。帝知超忠，乃切责李邑，令其诣班超处，受超节度。诏超："若邑任在外者，便留与从事。"超即遣邑将乌孙侍子还京师		《后汉书》卷四十七《班梁列传》，第1577—1579页

续表

年代	受质方	纳质方	情状	质侍身份	资料出处
元和三年（86）	匈奴	于窴	匈奴闻广德灭莎车，遣五将发焉耆、尉犁、龟兹十五国兵三万余人围于窴，广德乞降，以其太子为质，约岁给罽絮	太子	《后汉书》卷八十八《西域传》，第2926页
元和三年（86）	匈奴	莎车	冬，匈奴复遣兵将贤质子不居徵立为莎车王，广德又攻杀之，更立其弟齐黎为莎车王	子	《后汉书》卷八十八《西域传》，第2926页
永元二年（90）	东汉	车师前后王	大将军窦宪破北匈奴，车师震慑，前后王各遣子奉贡入侍，并赐印绶金帛	子	《后汉书》卷八十八《西域传》，第2929页
永元二年（90）	东汉	西域诸国	西域殷富，多珍宝，诸国侍子及督使贾胡数遗恂奴婢、宛马、金银、香罽之属，一无所受		《后汉书》卷五十一《李陈庞陈桥列传》，第1683页
永元三年（91）	东汉	龟兹	拜白霸为龟兹王，遣司马姚光送之。（班）超与光共胁龟兹废其王尤利多而立白霸，使光将尤利多还诣京师	子	《后汉书》卷四十七《班梁列传》，第1581页
永元六年（94）	东汉	焉耆	焉耆左侯元孟先尝质京师，密遣使以事告（班）超，超即斩之，示不信用……班超用计杀焉耆王广等，更立元孟为焉耆王		《后汉书》卷四十七《班梁列传》，第1582—1583页

续表

年代	受质方	纳质方	情状	质侍身份	资料出处
永元六年(94)	东汉	西域诸国	西域都护班超大破焉耆、尉犁,斩其王。自是西域降服,纳质者五十余国 超留焉耆半岁,尉抚之。于是西域五十余国悉皆纳质内属焉 班超击破焉耆,于是五十余国悉纳质内属		《后汉书》卷四《和帝纪》,第179页;《后汉书》卷四十七《班梁列传》,第1582页;《后汉书》卷八十八《西域传》,第2910页
永建二年(127)	东汉	焉耆	至安帝时,西域背畔。延光中,超子勇为西域长史,复讨定诸国。元孟与尉犁、危须不降。永建二年,勇与敦煌太守张朗击破之,元孟乃遣子诣阙贡献	子	《后汉书》卷八十八《西域传》,第2928页
永建五年(130)	东汉	疏勒	春正月,疏勒王臣磐遣侍子与大宛、莎车使者俱诣阙贡献	子	《后汉书》卷六《顺帝纪》,第257页;《后汉书》卷八十八《西域传》,第2927页
永建六年(131)	东汉	于寘	十月丁酉,于寘王遣侍子贡献	子	《后汉书》卷六《顺帝纪》,第258页

续表

年代	受质方	纳质方	情状	质侍身份	资料出处
永建六年(131)	东汉	于寘	十二月,于寘王放前遣侍子诣阙贡献	子	《后汉书》卷六《顺帝纪》,第258页;《后汉书》卷八十八《西域传》,第2916页
永兴元年(153)	东汉	车师后部	敦煌太守宋亮上立(车师)后部故王军就质子卑君为后部王	子	《后汉书》卷八十八《西域传》,第2931页
熹平四年(175)	东汉	拘弥	于寘王安国攻拘弥,大破之,杀其王,死者甚众。戊己校尉、西域长史各发兵辅立拘弥侍子定兴为王	子	《后汉书》卷八十八《西域传》,第2915页
初平二年(191)	东汉	车师	赵谦为司隶校尉。车师王侍子为董卓所爱,数犯法,谦收杀之	子	《后汉书》卷二十七《宣张二王杜郭吴承郑赵列传》,第949页

由上表可见,纳质业已成为西域诸国臣服汉室的主要标志,内属诸国通过遣子入侍,接受汉廷赐予的印绶,以示与两汉中央的君臣关系,是汉王朝治理西域诸国的一项重要制度。诸国所遣质侍一旦为汉廷所接纳,就意味着该国与汉王朝间君臣关系的确立,也意味着该国已然“内属”为汉的属国,接受汉的领导,不再具有完整的主权。作为汉的属国,各国之间不应再存有交质关系。如太初四年(前101)贰师将军李广利击大宛,还过杅弥,杅弥遣太子赖丹为质于龟兹。广利责龟兹曰:“外国皆臣属于汉,龟兹何以得受杅弥质?”可见,作为汉的属国是无权受纳他国质子的。其后,建平二年(前5),“乌孙庶子卑爰疐翕侯人众入匈奴西界,寇盗牛畜,颇杀其民。单于闻之,遣左大当户乌夷泠将五千骑击乌孙,杀数百人,略千余人,驱牛畜去。卑爰疐恐,遣子趋逯为质匈奴。单于受,以状闻。汉遣中郎将丁野林、副校尉公乘音使匈奴,责让单于,告令还归卑爰疐质

子。单于受诏,遣归”[1],亦当为此类事件。

另外值得关注的是,西域地区除了以两汉王朝为中心的质侍体系外,还存在着一些地区性的质侍体系,如匈奴作为东亚地区综合国力仅次于汉王朝的草原大国,其不仅在军事上威胁着汉对西域的统治,而且在外交上也与汉王朝不断角逐,其中就包括与汉朝对西域纳质权的争夺。元封三年(前 108)赵破奴虏楼兰王,“楼兰既降服贡献,匈奴闻,发兵击之。于是楼兰遣一子质匈奴,一子质汉”[2]。征和元年(前 92),“楼兰王死,国人来请质子在汉者,欲立之。质子常坐汉法,下蚕室宫刑,故不遣。报曰:‘侍子,天子爱之,不能遣。其更立其次当立者。’楼兰更立王,汉复责其质子,亦遣一子质匈奴”[3]。由此可见,此时汉匈双方在西域的外交竞争之激烈,楼兰国向汉匈双方派遣质子的两属行为,可视为汉匈争夺下的西域诸小国的无奈,诚如楼兰王的自我辩护:“小国在大国间,不两属,无以自安。”[4]其后,随着汉匈双方势力在西域的逆转,其在西域之质侍亦逐渐衰退,宣帝本始三年(前 71)“车师复通于汉。匈奴怒,召其太子军宿,欲以为质。军宿,焉耆外孙,不欲质匈奴,亡走焉耆”[5]。此次匈奴要求车师纳质的失败,标志着匈奴在西域的质侍体系开始走向崩溃。后西域都护建立,西域诸国已成为汉廷的属国,向匈奴纳质已为非法之事,匈奴亦不得受。前引哀帝建平二年遣中郎将丁野林、副校尉公乘音使匈奴,责让单于,告令还归卑爰疐质子一事,表明匈奴在西域的纳质权已为汉朝所剥夺,以汉朝成中心的质侍体系成为西域地区的唯一,意味着汉廷对西域主权的完全建立。至东汉,中原王朝在西域的经营一度停顿,汉朝的势力数度退出西域,匈奴在西域的质侍体系才得以短暂恢复。元和三年(86),匈奴得知于寘王广德灭莎车,于是“遣五将发焉耆、尉犁、龟兹十五国兵三万余人围于寘,广德乞降,以其太子为质,约岁给罽絮”[6],此为于寘向匈奴纳质。同年冬,匈奴复遣兵“将(莎车王)贤质子不居徵,立为莎车王”[7],表明此时莎车也有向匈奴纳质之举。但总体上看,其纳质的规模、影响与频度及持续时间等均不及以汉王朝为核心的质侍体系。

---

[1] [汉]班固:《汉书》卷九十四下《匈奴传》,北京:中华书局,1962 年,第 3811 页。
[2] [汉]班固:《汉书》卷九十六上《西域传》,北京:中华书局,1962 年,第 3877 页。
[3] [汉]班固:《汉书》卷九十六上《西域传》,北京:中华书局,1962 年,第 3877—3878 页。
[4] [汉]班固:《汉书》卷九十六上《西域传》,北京:中华书局,1962 年,第 3877 页。
[5] [汉]班固:《汉书》卷九十六下《西域传》,北京:中华书局,1962 年,第 3922 页。
[6] [南朝宋]范晔:《后汉书》卷八十八《西域传》,北京:中华书局,1965 年,第 2926 页。
[7] [南朝宋]范晔:《后汉书》卷八十八《西域传》,北京:中华书局,1965 年,第 2926 页。

此外，西域诸国内部之间也存在着互相交质的情况，如前文提到的杅弥遣太子赖丹为质于龟兹。[1] 不过“西域诸国各有君长，兵众分弱，无所统一”[2]，它们之间的质侍关系也是分散而交错的。[3] 至诸国内属归汉后，其同为汉之属国，它们之间的质侍关系便不复存在。

二、汉代西域质侍的管理

两汉王朝对西域质子实施高效而严格的管理，不仅将质子完全纳入汉朝的法律管理体系，以汉法约束质子，而且建置了完善的主管机构，并通过身份审查、质子迎送、抚养教育等具体制度来规范对质子的管理。

入侍于汉的各国质子，虽享有崇高的礼遇，但并无外交豁免权，要受到汉法的约束，质子犯法，同样要受到汉法的制裁。西汉武帝征和元年(前 92)，楼兰王死，国人欲拥立在汉为质的王子继承王位，无奈楼兰质子“常坐汉法，下蚕室宫刑”，汉廷不能将其遣归，只得以“天子爱之”为由，令楼兰“更立其次当立者”[4]。又据《后汉书》记载，东汉末年车师侍子“数犯法”，但其与董卓交好，无人敢问，唯赵谦不畏董卓淫威，将其收杀。[5] 这说明，西域质子在汉境内要受到汉法的约束，一旦触犯汉法即会受到严惩。

入汉的质子除了受到汉法的约束外，还要受到汉廷设置的专门机构的管理。汉代管理质子的机构分为中央与地方两级。汉代管理质子的中央机构主要是大鸿胪及其附属机构。汉初承秦制，设立典客“掌诸归义蛮夷”，专门管理四夷。武帝时改为大鸿胪，其下又设典属国“别主四方夷狄朝贡侍子”[6]。典属国主理民族事务，兼理外交事务，以其作为主管质子的机构，足见汉廷诸国质侍的重视。西汉成帝河平元年(前 28)，典属国建置被撤销，其职责被并入大鸿胪，对诸国质侍于汉者亦统归大鸿胪管理，张衡《东京赋》谓之：“藩国奉聘，要荒来质……盖数万以二，尔乃九宾重，胪人列。”李善注曰“(胪人列)言鸿胪所主羌

---

[1] [汉]班固：《汉书》卷九十六下《西域传》，北京：中华书局，1962 年，第 3916 页。

[2] [汉]班固：《汉书》卷九十六下《西域传》，北京：中华书局，1962 年，第 3930 页。

[3] 黎虎：《汉代外交体制研究》，北京：商务印书馆，2004 年，第 508 页。

[4] [汉]班固：《汉书》卷九十六上《西域传》，北京：中华书局，1962 年，第 3877 页。

[5] [南朝宋]范晔：《后汉书》卷二十七《宣张二王杜郭吴承郑赵列传》，北京：中华书局，1965 年，第 949 页。

[6] [晋]司马彪：《续汉书》志第二十五《百官二》，北京：中华书局，1965 年，第 3583 页。

胡之人,皆罗列于朝廷”[1],其中自然包括为质于汉的诸国侍子。

两汉王朝管理西域质子的地方机构主要是西域都护及其附属机构,在不同时期,西域都护、戊己校尉、西域副校尉及西域长史等,都在不同程度上担负着管理质侍的职责。此外,河西诸边郡政府,尤其是靠近西域的敦煌郡对西域质侍亦负有管理之责。黎虎先生在《汉代外交体制研究》一书中对此论述甚详,本书不再赘述。[2] 在建立完善的质侍管理机构的同时,逐步形成了以下一些具体的管理措施。

(一)身份审查

汉王朝接受西域诸国纳质的目的在于要挟诸国并进一步培植西域的亲汉势力。因此,汉王朝对入侍的质子身份有着严格要求。汉廷对西域入侍者的要求,并非全为王子,往往视纳质国具体情况而定,一般多为王子弟及部落子弟和内属民族政权重要官员、将领的子弟。但由于入侍于汉的质子享有汉廷的礼遇,一些贵族或商贾经常假借入质为名,行商贸之实。这样的质子不足以对纳质国造成有效的羁縻牵制作用,也不利于通过质子这一途径对纳质国施加政治影响,是以汉王朝对质子的身份审查十分严格,一经发现纳质国以他人冒充王室入质,往往将之视为对汉廷的背叛,甚至兴师问罪。而对于举报者,一旦举报有误,也会受到处罚。陈汤曾因举报康居王侍子非王子不实而下狱当死,幸赖太中大夫谷永上疏为其辩护,“天子出汤,夺爵为士伍”[3],可见汉廷对西域质子的审查制度十分严苛。

(二)迎送制度

质子对纳质国与汉王朝间关系的确立和维系有着极大作用,故此,汉王朝十分重视质子来华和归国的道路安全问题,多派遣专职人员迎接质子入侍或护送质子回归本国。对质子的迎送工作一般由边疆地区专管民族事务的地方机构负责,并有沿途地方政府给予协助。具体到西域地区质子的迎送,则一般由西域都护负责。如永平十七年(74),戊己校尉耿恭移檄乌孙,示汉威德,乌孙“大昆弥以下皆欢喜,遣使献名马,及奉宣帝时所赐公主博具,愿遣子入侍”,于是耿恭即“发使赍金帛,迎其侍子”[4]。建初八年(83),李邑上疏诋毁班超,称

[1] [梁]萧统编、[唐]李善注:《文选》卷三,上海:上海古籍出版社,1986年,第107页。

[2] 黎虎:《汉代外交体制研究》,北京:商务印书馆,2004年,第542—546页。

[3] [宋]司马光:《资治通鉴》卷三十《汉纪二十二》建始四年十一月条,北京:中华书局,1956年,第967页。

[4] [南朝宋]范晔:《后汉书》卷十九《耿弇列传》,北京:中华书局,1965年,第720页。

其“拥爱妻，抱爱子，安乐外国，无内顾心”，章帝知超忠，乃切责李邑，令其诣班超处，受超节度，诏超：“若邑任在外者，便留与从事。”超即遣邑将乌孙侍子还京师。[1] 可见，西域质子入朝是由都护遣专人沿途护卫迎接。

汉朝除了派遣专人迎接入朝的质子以外，对归国的质子也多遣兵护送，如永元三年(91)，东汉政府拜质子白霸为龟兹王，遣司马姚光送之。[2] 可见，汉王朝遣人护送质子归国，除了保障其安全，为其提供给养外，最主要的目的是为扶立质子为王或掌握国家权力，以此培植西域亲汉政治力量的壮大。

(三)抚养教育

两汉王朝一直将“德化”作为处理边疆民族关系的指导思想，所谓“远人慕化，实由有德”[3]，对于入朝的少数民族政权质子，汉廷十分重视对其实施汉化教育，以期借此途径向边疆藩属政权宣谕德威，实施政治干预与文化影响。《剑桥中国秦汉史》曾指出汉代的质子极有可能接受了中国的教育[4]，至于这种教育进行到何种程度，是否像后世王朝那样实施正规的学校教育，目前尚不能确认。但“质其种裔，习我华风”[5]的政治目的，已明显地表现在两汉王朝的质侍体系中。就目前所见资料来看，两汉王朝对质子的汉化教育，主要是通过以下两个途径实现的。

一方面给予诸国质子在汉者以高规格待遇，主动邀其参与汉廷的礼仪与庆典活动。汉朝统治者为拉拢藩属诸国，“开苑囿，广宫室，盛帷帐，美服玩，设酒池肉林以飨四夷之客，作鱼龙角抵之戏以观视之”[6]。从一些资料来看，质子们时常会被邀请参与类似的宫廷活动。同时，质子还被邀请参加隆重的礼仪与祭祀活动，如《后汉书》卷九十四上《礼仪志》曰：“西都旧有上陵。东都之仪，百官、四姓亲家、妇女、公主、诸王、大夫、外国朝者、侍子、郡国计吏会陵。”《后汉书·百官志》王先谦《集注》引蔡邕《独断》亦云：“天子以正月五日毕供，后上原

[1] [南朝宋]范晔：《后汉书》卷四十七《班梁列传》，北京：中华书局，1965 年，第 1577—1579 页。

[2] [南朝宋]范晔：《后汉书》卷四十七《班梁列传》，北京：中华书局，1965 年，第 1581 页。

[3] [南朝宋]范晔：《后汉书》卷二《明帝纪》，北京：中华书局，1965 年，第 121 页。

[4] [英]崔瑞德、鲁惟一编：《剑桥中国秦汉史》，北京：中国社会科学出版社，1992 年，第 449 页。

[5] [宋]王钦若等：《册府元龟》卷九九六《外臣部·纳质》，南京：凤凰出版社，2006 年，第 11528 页。

[6] [宋]司马光：《资治通鉴》卷四十三《汉纪三十五》建武二十二年条，北京：中华书局，1956 年，第 1403 页。

陵，以此周遍，公卿百官皆从……匈奴朝者、西国侍子皆会。”顺帝时，册立兜楼储为南匈奴单于，“遣行中郎将持节护送单于归南庭。诏太常、大鸿胪与诸国侍子于广阳城门外祖会，飨赐作乐，角抵百戏”[1]。通过这些活动，让质子见识到汉朝的礼制之盛大隆重，耳濡目染之下，日渐熏陶，加强了对汉文化的认同，同时也强化了对中央王朝的向心力，从而自觉维护汉与其本国政权的宗藩关系。

另一方面，鼓励质子与汉女通婚，过汉人的世俗生活。质子入侍于汉者，多有在汉娶妻生子组织家庭者，如南朝人康绚“其先出自康居。初，汉置都护，尽臣西域，康居亦遣侍子待诏于河西，因留为黔首，其后即以康为姓”[2]。这样一来，质子在学习汉文化典章制度与宫廷高雅文化的同时，也接纳了中原民间的世俗文化，对汉的物质文明与精神文明有了更为深入的接触与了解，令其对汉的国情与实力有了清醒的认识。这些质子在归国掌握了权力后，不仅减少了因误判实力而导致的汉与藩属诸国间的矛盾冲突，而且对汉文化产生了浓厚的倾向性，进而形成其在政治上对汉的向心力。

三、汉代西域质侍体系的特点

质侍制度作为两汉时期中国经营西域的一项重要政治制度，在其体系格局下，具有如下几个特点。

(一)“质侍”具有臣服性特点

在西域形成的以两汉王朝为中心的质侍体系，是一种具有臣服性的质侍网络。在这个质侍网络中，西域诸国均是单方面向两汉纳质，以表示对汉王朝的臣服。可见，汉代于西域建立的质侍体系是一个以臣服性纳质为主导的体系。两汉于西域所建立的质侍体系何以呈现出以臣服性为主导的时代特征，主要原因在于汉与西域之间综合实力对比悬殊。

首先，西域诸国向两汉王朝纳质是建立在兵威之下的。最早向西汉纳质的国家是楼兰，事在武帝元封三年赵破奴击破楼兰，楼兰降服贡献于汉之后，“遣一子质匈奴，一子质汉”。西域诸国大规模向汉纳质则是在武帝太初四年李广利攻破大宛之后，“贰师将军之东，诸所过小国闻大宛破，皆使其子弟从军入献，见天子，因以为质焉”。这些小国虽然不是此次汉军用兵的目标，但西方强国大

---

[1] [南朝宋]范晔:《后汉书》卷八十九《南匈奴传》，北京：中华书局，1965年，第2963页。

[2] [唐]姚思廉:《梁书》卷十八《康绚传》，北京：中华书局，1973年，第290页。

宛的败降，对他们造成了极大的威慑，诸国莫不争相向汉纳质。其后王莽乱政，汉与西域的关系中断，西域再次沦为匈奴的势力范围。汉明帝永平十六年(73)，“乃命将帅北征匈奴，取伊吾卢地，置宜禾都尉以屯田，遂通西域”，在东汉的兵威之下，于寘、鄯善等西域国家皆遣子入侍，“西域自绝六十五载，乃复通焉”。次年，又恢复西域都护与戊己校尉的建置，以耿恭为戊己校尉，“至部，移檄乌孙，示汉威德，大昆弥以下皆欢喜，遣使献名马，及奉宣帝时所赐公主博具，愿遣子入侍。恭乃发使赍金帛，迎其侍子”。和帝永元二年(90)，大将军窦宪破北匈奴，车师震慑，前后王各遣子奉贡入侍。永元六年，西域都护班超大破焉耆、尉犁，斩其王，降服西域，西域五十余国皆“纳质内属”。安帝时，西域背畔。至延光年间(122—125)，遣班超之子班勇为西域长史，讨定诸国。时元孟与尉犁、危须不降。直到永建二年(127)，元孟为班勇与敦煌太守张朗击破，乃遣子诣阙贡献。可见，西域诸国向两汉王朝纳质并非单纯出于自愿，更多的是在汉廷的兵威之下做出的臣服性选择。

其次，当时的西域地区小国林立，各国之间的大小、强弱之差异不可胜言，域内并没有出现一个压倒性的强权势力中心，无论是在政治、经济、文化、军事等方面还是在人口上均无法与两汉王朝相比拟，因此西域诸国只能单方面地向两汉王朝纳质称臣，从而获得两汉中央王朝的保护与扶植，避免遭受其他国家或民族的侵扰，为本国的发展谋取一个稳定的社会环境。而对于拥有绝对实力优势的两汉中央王朝而言，纳质目的在于维持与西域诸国间的宗属关系，确立对西域的宗主权，并使这项权力合法化，而非打算与诸国建立平等的外交关系。因此，两汉王朝于西域地区建立的质侍体系，其实质是中央王朝向西域诸国索受人质，并凭此与西域“纳质”诸国建立一种稳定的宗属关系，以此实现对西域的羁縻治理。在这种政治格局下，处于藩属地位的西域诸国向汉廷遣质入侍，是其获得汉廷承认并取得政权合法性的主要途径之一。

（二）两汉西域质侍体系具有明显的政治性目的

正如前文所述，两汉中央王朝接受西域诸国的“质侍”，其目的在于确立与“纳质”诸国的宗属关系，从而有效羁縻控制西域。可见，两汉王朝所建立的质侍体系，首先是着眼于政治因素。两汉王朝在处理与西域诸国的关系时，将质子摆在了一个突出的位置上，而非仅仅将其作为一个要挟手段。在汉王朝与西域民族政权的关系中，纳质不同于一般意义上的遣使，而是具有标志性的政治意义。纳质入侍意味着该政权向汉廷臣服，承认汉朝的宗主地位，而自降为汉的藩属。最早向汉廷纳质的西域国家当属楼兰，楼兰地处要冲，战略位置紧要，一度成为汉匈争夺的焦点。楼兰不得不以一子质于汉、一子质于匈奴的方式"两属"于汉与匈奴之间。随着汉廷在西域经略的深入，尤其是李广利征服大宛之后，西域各国纷纷遣子入侍，"献质子"业已成为汉王朝对西域纳质诸国行使主权的重要标志，意味着纳质者脱离了匈奴的控制而臣服于汉，成为汉的属国。其后汉宣帝神爵年间，汉设都护于西域，西域在政治上正式隶属于汉。汉对西域的统治政策是在继承西域诸国原有的政治结构的基础上，向诸国国王首领颁赐印绶，承认各国国王的政治地位，许其世袭，但新王继位要呈报都护和汉廷中央批准，同时各国还要遣子质侍于汉。[1] 从汉朝对西域诸国的要求来看，纳质是维系汉与诸国宗属关系的必备条件和属国应尽的政治义务，是汉朝对地方民族政权实施羁縻治理的重要措施，也是纳质国家服从汉朝统治的一种表现形式。

（三）质侍周期长，且交替为质

首先，从时间上说，质侍往往常驻于京师，或有为质十余年者，如楼兰王侍子自称"身在汉久"，莎车王侍子延则"长于京师"，另如宣、元时期匈奴郅支单于的质子在汉生活了十年，呼韩邪单于的质子也留于汉廷十一年。可见，诸国质侍于汉者周期甚长。除了为质时间较长以外，还形成了轮流替换的制度，这一点尤以匈奴遣质的事例最为明显，往往是新单于即位便立遣质子入侍，成为定制。期间若为质者回国或死亡，一般要另遣质子替换，以便继续履行质侍的职责。如乌珠留若鞮单于即位的当年（前 8）即派遣其子右股奴王乌鞮牙氏入侍。次年，乌鞮牙氏死，归葬。匈奴又遣单于子左于駼仇掸王稽留昆入侍。至哀帝元寿二年（1），稽留昆归国，匈奴另遣稽留昆同母兄右大将且方夫妇入侍。还归，再遣且方同母兄左日逐王都夫妇入侍。[2] 到东汉时，匈奴质侍方式又有了新的变化，即改为每年一轮换，"单于岁尽辄遣奉奏，送侍子入朝"[3]。可见，此时交替为质已经形成一定的制度。以上所述为匈奴质侍的情况，西域地区的情况虽无确切的记载，但大体情况亦当与匈奴相似。

四、质侍体系在维护两汉西域稳定中的作用

两汉王朝十分重视质子在经营西域中的作用，积极于西域从事征取质子、

[1] 杨建新：《中国西北少数民族史》，银川：宁夏人民出版社，1988 年，第 149 页。

[2] [汉]班固：《汉书》卷九十四下《匈奴传》，北京：中华书局，1962 年，第 3818 页。

[3] [南朝宋]范晔：《后汉书》卷八十九《南匈奴传》，北京：中华书局，1965 年，第 2944 页。

迎送质子、管理质子和拥立质子的活动，并建立了完善的质侍管理体系。可以说，质子的活动构成了两汉管理西域边务的重要内容，亦是维护西域地区稳定与边疆安全的有力保障。

首先，质侍制度是两汉王朝控制西域诸国的一种政治手段。两汉王朝接纳诸国的质子，并非简单地将其“供养”起来，而是利用质子的特殊身份和优势，发挥其在本国的政治影响力，以图达到控制诸国的目的。一方面，汉廷利用质子的特殊身份，作为处理与西域诸国关系的一种制裁手段。纳质的本质在于以人为抵押，虽然汉代于西域建立的质侍体系主要目的是出于维系与西域诸国的关系，但是以质子为抵押的原始意涵并没有完全消失。一旦双方关系恶化以致发生矛盾冲突时，作为受质方的汉朝往往通过惩治质侍者制裁反叛者。西汉宣帝甘露元年（前 53）乌孙内乱，分裂为大、小昆弥，其中大昆弥为汉廷所扶立，较之小昆弥更为亲汉。至成帝永始元年（前 16）乌孙小昆弥末振将恐为大昆弥雌栗靡所并，使贵人乌日领诈降刺杀大昆弥，“汉欲以兵讨之而不能”，是以“没入小昆弥侍子在京师者”[1]。面对小昆弥的叛乱，汉廷一时无力通过军事手段解决，便采取了“没入”小昆弥在京师的质子的方式作为反制。另一方面，汉廷也往往利用一切有利时机，大力扶植在汉为质者归国执政，以保证西域诸国政权掌握在亲汉势力手中。西汉经营西域之初，楼兰一直徘徊于汉与匈奴之间，且常常与匈奴勾结劫掠攻杀汉使。为了惩治楼兰，西汉于昭帝元凤四年（前 77）傅介子刺杀楼兰王，告谕以“王负汉罪，天子遣我诛王，当更立王弟尉屠耆在汉者。汉兵方至，毋敢动，自令灭国矣”[2]。质侍于汉的尉屠耆在汉的干预下被立为鄯善王，并为其“刻印章，赐以宫女为夫人，备车骑辎重，丞相将军率百官送至衡门外，祖而遣之”[3]。此举可以看出，汉王朝对新立的鄯善王之重视。质子尉屠耆被立为王及鄯善国的成立，不仅使汉王朝在与匈奴对楼兰的争夺中获得了胜利，而且使汉朝控制了进入西域的东段通道，为进一步经营西域奠定了基础。此后，汉廷在西域数有扶立质子之事件发生，如建初五年（80），班超上疏朝廷请立白霸为龟兹王，至永元三年（91），拜白霸为龟兹王，遣司马姚光送归国内。从班超请立白霸为龟兹王，到遣兵护送白霸登基为王，先后历时十一年；班超利用军事和外交手段，拆散或击败了龟兹的与国，并最终通过武力讨服了龟兹，方才

[1]［汉］班固：《汉书》卷九十六下《西域传》，北京：中华书局，1962 年，第 3909 页。
[2]［汉］班固：《汉书》卷九十六上《西域传》，北京：中华书局，1962 年，第 3878 页。
[3]［汉］班固：《汉书》卷九十六上《西域传》，北京：中华书局，1962 年，第 3878 页。

得以以兵护送白霸为王。这一方面说明扶立质子为君并非易事，另一方面也说明汉廷为了拥立亲汉政权不遗余力。其后不久班超又“发龟兹、鄯善等八国兵合七万人，及吏士贾客千四百人讨焉耆”，斩焉耆、尉犁二王首，更立曾为质于汉的元孟为焉耆王。[1] 随着龟兹与焉耆问题的次第解决，“西域五十余国悉纳质内属焉”[2]，实现了东汉王朝对西域的战略目标。其后，东汉桓帝永兴元年（153），车师后部王阿罗多与戊部候严皓不和，因以发动叛乱。由于阿罗多的叛乱不得民心，其部下反而助汉，阿罗多只身逃往匈奴，车师后部王位空虚，敦煌太守宋亮“上立后部故王君就质子卑君为后部王”[3]。灵帝熹平四年（175）于窴王安国攻破拘弥，戊己校尉与西域长史“各发兵辅立拘弥侍子定兴为王”[4]，稳定了拘弥的局势。

其次，质侍制度是两汉王朝与西域诸民族政权和平相处的重要纽带，是维护中央与西域地方关系的重要政治手段。在西汉王朝与西域诸国交往的初期，西域诸国作为匈奴的与国，对汉王朝势力的西进持阻挠态度。

从元封三年（前108）汉廷首征姑师、楼兰到神爵二年（前60）都护设立，在这近半个世纪的时间内，汉与西域之间爆发了多次冲突，其中尤以太初年间李广利两次远征大宛规模最大、影响最广。自大宛败降后，慑于西汉王朝强大的政治与军事实力，西域诸国纷纷转投汉廷，向汉王朝纳质称臣，借此寻求汉廷的政治庇佑，而汉王朝也因此完成了对西域质侍体系的构建。故此，两汉王朝不仅十分重视对来汉质子的管理，极力拉拢这些质子，给予他们较高的礼遇，而且对归国的质子也寄予厚望。他们往往肩负着汉廷的重要嘱托和特殊使命，或被委以汉官，助汉镇抚一方；或被拥立为王，担当治理一国的重任。

杅弥王子赖丹在汉为质多年，深得汉廷信任，被霍光委以校尉之职，将军屯田轮台。楼兰质子尉屠耆，在傅介子刺杀了亲匈奴的楼兰王安归后，被立为王。汉不仅赐予其印绶，而且许以宫女为夫人，并遣司马一人、吏士四十人屯田伊循城，协助尉屠耆镇抚鄯善。鄯善自此归汉，成为汉廷经营西域稳固的前出基地。东汉时期在西域的经略也得到了质子的配合，永元六年（94），班超发兵征讨焉耆，焉耆质子元孟遣使密告班超以其国王广“悉驱其人共入山保”的谋划，班超

[1] [南朝宋]范晔：《后汉书》卷四十七《班梁列传》，北京：中华书局，1965年，第1581—1582页。

[2] [南朝宋]范晔：《后汉书》卷四十七《班梁列传》，北京：中华书局，1965年，第1582页。

[3] [南朝宋]范晔：《后汉书》卷八十八《西域传》，北京：中华书局，1965年，第2931页。

[4] [南朝宋]范晔：《后汉书》卷八十八《西域传》，北京：中华书局，1965年，第2915页。

即斩其使，以示不信用，麻痹焉耆王广等，并扬言“大会诸国王”“重加赏赐”。焉耆王广、尉犁王汎及北鞬支等疏于防范而被班超擒斩，顺利平定焉耆之乱，元孟亦因功被立为焉耆王。可见质侍制度的确立与强化，在一定程度上巩固了汉廷中央与西域地方的关系，促使中原与西域的关系进入一个和平、稳定的密切交往时期。

最后，西域质子长期生活于汉，深受汉文化熏陶，其归国得以主政后，多能积极从事旨在汉化的改革，在促进汉文化向西域地区传播的同时，也加速了西域地区的经济开发和社会发展，不仅使西域地区的社会经济明显提升，而且增强了对两汉中央王朝的向心力，成为汉王朝的忠实拥护者，也成为维护西北边疆稳定的坚强核心。两汉中央王朝先进的文化与政治制度逐渐被西域诸国所了解、学习和模仿，从而使西域诸民族地区在政治制度与文化生活方面日渐与内地趋于一致，这固然与两汉王朝有计划地向西域地区推广内地的制度与文化有关，但更多的是与西域诸国在受到汉文化的熏陶后，参用汉法实施的主动改革有关。这种旨在汉化的政治改革之所以能够实现，离不开大量长期生活于内地的质子的积极参与。正是由于这些质子长期生活在内地，其入侍两汉宫廷的经历，使他们具备了相关的政治与文化素养。如西汉时龟兹王绛宾“乐汉衣服制度”，于西汉宣帝元康元年(前65)，携其夫人弟史入朝奉献，并留居一年有余。归国后，“治宫室，作徼道周卫，出入传呼，撞钟鼓，如汉家仪”。但绛宾的改革较为理想化，没有考虑到本国的实际，而被人讥为“驴非驴，马非马，若龟兹王，所谓骡也”[1]。虽然如此，绛宾还是顶住了压力，将改革持续了下去，不仅开西域汉化风气之先，也使龟兹成为最早接受汉文化的地区之一。

两汉之际中原大乱，无暇顾及西域，该地再度沦为匈奴的势力范围，西域诸国多陷于匈奴，只有莎车王延不肯投降，率领傍国拥护故都护吏士及其家属千余人，抵御匈奴的侵袭。莎车国之所以做此选择，与莎车王延的质侍经历有关。史载莎车王延“长于京师，慕乐中国，亦复参其典法”[2]，归国后便模仿汉朝制度，在其国内“建立了一套中原官仪”[3]，实施汉化改革。莎车的改革，不仅使莎车国迅速强盛，而且其对汉的向心力远较于他国为强。莎车王延去世后，其子康即位，延续了前王延的政策，在匈奴“略有西域”的情况下，依然忠于汉室，

[1] [汉]班固：《汉书》卷九十六下《西域传》，北京：中华书局，1962年，第3916—3917页。
[2] [南朝宋]范晔：《后汉书》卷八十八《西域传》，北京：中华书局，1965年，第2923页。
[3] 杨建新：《中国西北少数民族史》，银川：宁夏人民出版社，1988年，第151页。

常遣使河西,“问中国动静,自陈思慕汉家”。

龟兹王白霸,也曾长期为质于汉,深受汉文化影响,被班超拥立为龟兹王,其即位后不仅在东汉王朝的支持下迅速稳定了龟兹的局势,“疏通丝路,增加收入,抓紧本国固有的农业、畜牧业、手工业、园艺业以丰富本国市场,满足外商需求”,“在他执政的数十年里,龟兹的社会经济和文化得到了复苏和发展,白氏家族的影响,也深入社会各个阶层,白氏成为后来公认的龟兹王族”[1]。同时白霸也能够一直勤于汉室,积极配合汉廷经略西域,不仅允许汉军进驻王城,而且积极配合汉军平定国内叛乱。[2] 白霸的支持不仅使汉军在诸国叛乱大兵压境的情况下获得了一块稳固的阵地,还维护了龟兹的稳定。虽然最终汉军依旧不得不撤回内地,但龟兹的稳定显然为汉军吏士的从容撤退争取到了时间,避免了遭受更大的损失。

---

[1] 刘锡淦、陈良伟:《龟兹古国史》,乌鲁木齐:新疆大学出版社,1992 年,第 60 页。

[2] 延平元年(106)西域各国反叛,它乾城小,汉军不能坚守时,龟兹王白霸顶住本国贵族反叛的压力,果断放汉军进入王城共保。汉军方得以龟兹王城为依托,平定叛乱。详见[南朝宋]范晔:《后汉书》卷四十七《班梁列传》,北京:中华书局,1965 年,第 1591 页。

第二章　汉代西域屯戍问题补考

第一节　西汉西域屯田的阶段性变迁考辨

中原王朝在西域屯田，始自汉代，以后历代王朝都曾实行，对维护西北边疆有着重大意义。汉代在西域的屯田最早是为解决西汉在西域外交与军事行动的后勤保障而兴起的，它随着西汉王朝在西域势力的发展，以及西汉王朝经营西域政策的变化而变化。下面便就西汉西域屯田的阶段性变迁及其特点与原因做一细致分析。

一、西汉西域屯田的阶段性变迁

西汉王朝在西域的屯田体系的建立，并非一蹴而就的，具体而言，一共经历了三个重要阶段。

第一阶段，从汉武帝太初四年（前 101）至汉武帝征和四年（前 89）。据史料记载，汉朝在西域的最早屯田是汉武帝元封年间（前 110—前 105）在眩靁的屯田。[1] 然其目的仅在于配合和亲乌孙的战略，规模较小。汉代在西域大规模的屯田则始于太初四年（前 101）李广利伐大宛之后。汉武帝太初元年到四年（前 104—前 101），汉廷以李广利为贰师将军两次西征大宛，其中第一次因道路艰辛、士卒乏食等原因遭受严重的挫折，往来两岁，十之八九的士卒死于饥饿。为此，汉廷不得不在做出充分准备后，做第二次西征。这次远征，汉武帝一方面

[1] [汉]司马迁：《史记（修订本）》卷一百一十《匈奴列传》，北京：中华书局，2014 年，第 3519 页。

调集重兵，另一方面又筹集数十万匹牛马及驴骡、骆驼等牲畜运载粮食，以维持大军的后勤供给，既增加了人力与物力损耗，又不利于大军行动。因此，在李广利征伐大宛之后，西汉政府开始重视在西域的屯田。据《汉书·西域传上》记载："自贰师将军伐大宛以后……而轮台、渠犁皆有田卒数百人，置使者校尉领护，以给使外国者。"[1]至征和四年（前 89），桑弘羊提议扩大在轮台、渠犁的屯田规模，但限于多年征伐导致的国力虚耗，急需休养生息，汉武帝否决了桑弘羊的建议，汉代在西域的屯田暂告一段落。

第二阶段，从汉昭帝始元元年（前 86）到汉元帝元始元年（前 48）。昭帝继位后，重新启用桑弘羊的建议，任命杅弥太子赖丹为校尉，将兵屯田轮台。但因涉及龟兹国的利益，不久赖丹便被龟兹王所杀，西汉在西域的屯田再次遭遇挫折。汉昭帝元凤四年（前 77），大将军霍光遣傅介子刺杀楼兰王，改立在汉的王弟尉屠耆为王，并改国名为鄯善。由于鄯善王新立，根基不稳，请求汉廷屯田伊循城，使其得依汉之威重。于是汉遣司马一人，吏士四十人，田伊循城以镇抚之，其后更置都尉。[2] 汉宣帝地节二年（前 68）为了争夺车师，遣侍郎郑吉、校尉司马憙将免刑罪人田渠犁，并一度将屯田推进至车师前部交河城附近。[3]神爵二年（前 60），匈奴管理西域事务的日逐王降汉，汉朝以郑吉为西域都护，治乌垒城，统一管理屯田事务，并徙部分屯田吏士至比胥鞬。[4] 其后，甘露元年（前 53），乌孙内乱，汉遣长罗侯常惠将三校屯赤谷，分别大小昆弥人口地界。[5]甘露三年（前 51），汉宣帝拜辛庆忌为侍郎，迁校尉，将吏士屯焉耆国。[6] 至此，西汉在西域的屯田进入全盛时期。汉元帝即位后，于初元元年（前 48）设立戊己校尉，代表中央主理西域屯戍事务。

第三阶段，从汉元帝元始元年（前 48）至王莽地皇四年（23）。自汉元帝于元始元年（前 48）设立戊己校尉以后，西汉在西域的屯田重心逐步移至车师地区。此后，终西汉之世，除汉成帝时为讨伐日贰而徙己校屯姑墨以外[7]，西汉在西

[1] [汉]班固：《汉书》卷九十六上《西域传》，北京：中华书局，1962 年，第 3873 页。

[2] [汉]班固：《汉书》卷九十六上《西域传》，北京：中华书局，1962 年，第 3878 页。

[3] [汉]班固：《汉书》卷九十六下《西域传》，北京：中华书局，1962 年，第 3922—3924 页。

[4] [汉]班固：《汉书》卷九十六上《西域传》，北京：中华书局，1962 年，第 3874 页。

[5] [汉]班固：《汉书》卷九十六下《西域传》，北京：中华书局，1962 年，第 3907 页。

[6] [汉]班固：《汉书》卷六十九《赵充国辛庆忌传》，北京：中华书局，1962 年，第 2996 页。

[7] [汉]班固：《汉书》卷九十六下《西域传》，北京：中华书局，1962 年，第 3908 页。

域的屯田重心一直在车师前王国地区。王莽代汉后，由于执行错误的民族政策，引起西域诸国及部分汉人官吏的不满，先是戊己校尉史陈良、终带等叛杀戊己校尉刀护，胁迫戊己校尉吏士男女二千余人亡入匈奴，后又有焉耆叛乱，攻杀西域都护但钦。[1] 面对西域诸国的不断背叛，王莽于天凤二年(16)派遣五威将军王骏、西域都护李崇将戊己校尉出西域击焉耆，但由于焉耆的伏击与姑墨、尉犁、危须国兵的反间，王骏部被攻灭，戊己校尉郭钦击杀焉耆老弱而还，李崇还保龟兹。数年后，莽死，李崇遂没，西域因绝。[2] 自此，西汉在西域的经营彻底崩溃，屯田事业随之坍塌。

二、阶段性变迁的特点

通过前文分析，我们知道西汉在西域屯田是阶段性的，随着时间的推移，呈现出不同的特征。

首先，从屯田的地理位置上看，屯田重心成逐渐北移之势。从前文的论述中知道，西汉王朝在西域最早的屯田是汉武帝元封年间在胘靁的屯田。其目的更多是配合和亲乌孙的战略。自李广利征伐大宛之后，西汉政府正式屯田西域，在轮台、渠犁设有田卒数百人，置使者校尉领护，但屯田规模既小，时间亦不长。虽然武帝晚年，桑弘羊曾提议扩大渠犁屯田，使之成为西汉在西域的屯田重心，但终不为武帝所允。昭帝时重拾桑弘羊前议，任命杅弥太子赖丹为校尉，将兵屯田轮台，但不久即为车师攻杀，屯田无果而终。故西汉王朝在西域的第一个重点屯田区是位于鄯善的伊循屯田。汉昭帝元凤四年(前77)，汉朝改楼兰为鄯善，遣司马一人，吏士四十人，田伊循城以镇抚之，其后更置都尉。伊循屯田的设置，不仅确立了西域南道的安全与给养，而且在政治与军事上，使西汉获得了南道东端的桥头堡和基地，将鄯善置于西汉的势力控制之下的同时，亦对鄯善以西各国以极大的威慑，实现了西汉王朝控制南道的目的。冯奉世即凭借伊循的地缘优势与威慑力量，迅速讨平莎车，稳定了西域南道的局势[3]，故伊循屯田对于西汉有效控制南道诸国意义重大。

在南道局面基本稳定下来之后，西汉在西域的经营重点转向北道，首先便

---

[1] [汉]班固:《汉书》卷九十六下《西域传》，北京:中华书局，1962年，第3926—3927页。

[2] [汉]班固:《汉书》卷九十六下《西域传》，北京:中华书局，1962年，第3927页。

[3] [汉]班固:《汉书》卷六十九《冯奉世传》，北京:中华书局，1962年，第3294—3295页。

是扩大渠犁屯田的规模，并以其为前出基地，与匈奴争夺车师地区。史载："地节二年，汉遣侍郎郑吉、校尉司马憙将免刑罪人田渠犁，积谷，欲以攻车师。"[1]此后，渠犁屯田规模不断扩大，一度达到三校尉屯田，并数次将屯田扩大到车师地区，成为西汉设在西域规模最大的屯田，是西汉在西域重要的军事据点和后勤基地。西域都护建立之初，亦仰仗渠犁屯田的军事优势与物资保障，所谓"都护治乌垒城，去阳关二千七百三十八里，与渠犁田官相近，土地肥饶，于西域为中，故都护治焉"[2]。

随着西域都护的建立，汉在西域的屯田继续北移，先是徙部分屯田屯车师比胥鞬，不久又将大部屯田士卒移至车师前部，屯于高昌壁与交河壁之间，设戊己校尉总领其事。至此，西汉在西域屯田重心完全移至车师前部，终西汉之世未再迁移。可见，西汉在西域的屯田成逐渐北移之势，并最终将车师前部作为屯田守御之重心所在。

其次，从屯田规模上看，成逐渐扩大之势。西汉早期在轮台的屯田，仅有田卒数百人，伊循屯田起初仅有吏士 40 余人，其后屯田规模便不断扩大，先是伊循置都尉管理，都尉为军职，秩比二千石，其属下军力当与校尉同，在五百到千人之间。至宣帝时，郑吉等在渠犁屯田，规模最大时达到三校兵力，约在 1500 百人以上。[3] 后来屯田重心转移至车师前部，一度设立戊己二校尉分屯于高昌壁与交河壁，至平帝后始合为戊己校尉屯田高昌壁。史籍中对于戊己校尉领护下的屯田具体规模并无明确记载，但新莽末年戊己校尉史陈良、终带及司马丞韩玄、右曲侯任商等反叛时，所裹挟的戊己校尉吏士及其家属即达到 2000 余人，可见屯田规模之巨。而根据出土的汉简资料，所记屯田官职即有校尉、司马、丞、曲侯、令史等多个官职，其属下士卒之多可见一斑。以此可以判定西汉在车师的屯田，其规模应该在数千至万人之间，屯田范围和规模应该相当庞大。这一切，说明西汉在西域的屯田规模一直在膨胀。

最后，屯田的组织结构日渐完善复杂，管理日益严密。西汉早期的屯田，并没有设置专人管理，多是临时委派使者或当地驻军校尉监管屯田事务。西汉在西域最早的屯田机构是汉武帝太初四年(前 104)在渠犁设立的"使者校尉"，同时也是汉代在西域地区最早设立的军政机构。后又在伊循设立都尉管理屯田，

---

[1] [汉]班固:《汉书》卷九十六下《西域传》，北京:中华书局，1962 年，第 3922 页。

[2] [汉]班固:《汉书》卷九十六上《西域传》，北京:中华书局，1962 年，第 3873—3874 页。

[3] 李炳泉:《西汉西域渠犁屯田考论》，《西域研究》2002 年第 1 期，第 13 页。

始以专职人员管理屯田。宣帝时与匈奴争车师，遣侍郎郑吉与校尉司马憙率领免刑人员至渠犁屯田积谷，设立渠犁校尉幕府，以渠犁校尉为屯田的最高长官，下设“丞”“史”“军候”“司马”“千人”“令史”等属吏，组织严密、建构完整，颇具规模。神爵二年，匈奴管理西域事务的日逐王降汉，郑吉率兵迎降，“乃因使吉并护北道，故号曰都护。都护之起，自吉始矣。僮仆都尉由此罢，匈奴益弱，不得近西域。于是徙屯田，田于北胥鞬，披莎车之地，屯田校尉始属都护”[1]。西域都护建立后，汉王朝为了加强对车师前部这一战略要地的控制，先是迁徙部分田卒之比胥鞬屯田，并置校尉领护[2]。之后西域屯田的重心北移至车师，车师故地的屯田随之不断扩大。于是，汉元帝初元元年(前48)时，汉廷对在西域的屯田力量重新进行整合，设戊己校尉专门管理车师的屯田事务，成为汉王朝管理西域屯田的主要机构。戊己校尉机构设置完整，体制健全，为历代屯田管理机构之典范，使车师屯田效率大大提高，具有深远影响。[3]

三、阶段性变迁之原因考辨

西汉在西域的屯田之所以表现出明显的阶段性特征，其主要原因有两点：一是西汉王朝经略西域的战略目的发生了阶段性改变；二是中西交通格局发生了较大的转变。下面即就这两个因素进行具体探讨。

(一)西汉西域经略目标的阶段性转变对屯田之影响

西汉王朝在西域的经略经历过多个不同的阶段，每个阶段都有不同的战略目的。武帝时代在西域的经略，很大程度上受到匈奴的影响。

西汉初年，匈奴势强，尽灭北方诸胡，与汉接壤。置左右贤王，以左王居东方，直上谷；右王居西方，直上郡。右贤王地又与氐羌相交通，氐羌在长安之西，今甘肃、青海一带，因此汉初于西北方向均面临着匈奴的压迫。匈奴因之屡为边患，致高祖有平城之困。武帝之时，虽屡兴大兵攻击匈奴，匈奴渐次向西北迁移，然而西域诸国，如乌孙、车师之属仍服属匈奴，威胁汉廷西北边境之安全，故通西域以断匈奴右臂成为汉武帝巩固西北边防的重要战略目标。早在汉武帝

[1] [汉]班固：《汉书》卷九十六上《西域传》，北京：中华书局，1962年，第3873—3874页。

[2] 悬泉汉简的一条简文曾提道：“我儿得毋有如是者，罪误如是，而以为谓充知是，谁类？充曰：类比胥楗校尉。”(Ⅱ0115③:35)说明比胥鞬屯田亦设有校尉领护。

[3] 关于戊己校尉的组织结构，详见王素《高昌戊己校尉的组织——高昌戊己校尉系列研究之二》，《中国历史文物》2005年第4期，第57—71页。

打算反击匈奴之初，便派遣张骞出使西域，意图与远在西域的大月氏联合对抗匈奴。及张骞归来，盛言联络乌孙、大宛之便，武帝已对经营西域表现出浓厚兴趣。但其时匈奴与氐羌相勾结，控制着河西地区，汉廷与西域在地域上无法联通，西汉王朝曾试图绕道西南夷，但道路始终无法打通。[1] 故元狩中汉武帝两次派遣霍去病击破匈奴右地，降浑邪、休屠二部，空河西地，并渐次建置酒泉、武威、张掖、敦煌四郡。匈奴益西北徙，匈奴与羌人的联系自此断绝，汉朝获得了经营西域的前出基地，此后汉廷全力与匈奴夺取西域。此时匈奴虽迭经西汉打击，势力大损，向西北迁徙，但其对西域的控制尚为严密。西域诸国不仅服属匈奴，共为寇钞，而且匈奴西方日逐王置僮仆都尉使领西域，常居焉耆、危须、尉犁间。故此，汉武帝经略西域的目的，主要是打通汉与西域间的交通，削弱匈奴对西域的控制，增强汉廷在西域的影响，尚没有统一西域的打算和实力。是以这一阶段的屯田，也仅仅是为了满足西汉与西域通使的需要，并保护汉与西域间的道路安全，故屯田规模较小，组织简陋。武帝末桑弘羊提出扩大轮台屯田的规模，但因超出了汉廷此时的战略规划，而且亦为当时国力所不允，因而遭到武帝的拒绝。

至昭帝时代，经过武帝晚年一系列政策的调整和改革，西汉国内局势渐趋稳定，社会经济也得到了极大恢复和发展，对西域的经略重新重视了起来，并开始将收属西域提上日程。先是重新实施桑弘羊的建议，屯田轮台，但因涉及龟兹国的利益，不久便被龟兹王攻没，西汉在西域的屯田再次遭遇挫折。西汉王朝在意识到经营西域北道尚不成熟后，便开始全力经营南道，尤其是位于南道东端的门户楼兰。西汉对楼兰的经营还是始于武帝时期，其时楼兰与匈奴勾结，劫掠汉使，数为汉使所苦，元封三年(前 108)"武帝遣从票侯赵破奴将属国骑及郡兵数万击姑师。王恢数为楼兰所苦，上令恢佐破奴将兵。破奴与轻骑七百人先至，虏楼兰王遂破姑师，因暴兵威以动乌孙、大宛之属。还，封破奴为浞野侯，恢为浩侯。于是汉列亭障至玉门矣"。是役西汉军事势力首次进入西域，并成功将防线向西推进至玉门关。此后，楼兰便两属于汉与匈奴。至昭帝元凤四年，汉朝立尉屠耆为王，改楼兰为鄯善并屯田于伊循城，使其得依汉之威重。此后，西汉便以该处屯田为基地，逐步完成了对西域南道诸国的控制。至宣帝时，遣卫司马使护鄯善以西数国。

---

[1] [汉]司马迁:《史记(修订本)》卷一百二十三《大宛列传》，北京:中华书局，2014 年，第 3844 页。

随着对南道控制的完善，西汉开始将主要精力用于与匈奴争夺北道诸国，特别是处于匈奴控制之下的车师。汉宣帝地节二年（前 68），为了争夺车师，遣侍郎郑吉、校尉司马憙将免刑罪人田渠犁，并一度将屯田推进至车师前部交河城附近。神爵二年（前 60）匈奴日逐王降汉后，又以郑吉为西域都护，治乌垒城，统一管理屯田事务，屯田范围扩展至比胥鞬。其后，甘露元年（前 53），乌孙内乱，汉遣长罗侯常惠将三校屯赤谷，分别大小昆弥人口地界。甘露三年（前 51），汉宣帝拜辛庆忌为侍郎，迁校尉，将吏士屯焉耆国。至此，西域全境为西汉平定，西域正式成为西汉版图的一部分。至元帝时期，汉在西域的战略重点已由进取转为保守，如何维持西域的稳定，成为西汉王朝在西域经略的核心。故此，于元始元年设立戊己校尉，将屯田重心逐步移至车师地区。位于车师前王庭的交河城和高昌壁，是两个重要的屯田根据地，两者相距约 50 公里，战略位置突出，拥有良好的农业发展基础。西汉于此屯田，正好与南道的伊循屯田一南一北牢牢地控制住了西域南北两道的起点，它们东与敦煌相接，西与都护治所乌垒相呼应，互为犄角，不仅使西域诸国处于西汉的管控之下，而且对匈奴形成了巨大的战略威慑。

（二）中西交通格局之转变对屯田的影响

西汉在西域屯田，除了为实现前文提到的政治与军事目的外，还有一个目的，就是维护中西交通畅通，为沿线通过提供安全与物资保障，因此，屯田格局的变迁一定程度上也受到交通格局转变的影响。

史籍中最早关于西域交通的记载见于司马迁所著《史记》卷一百二十三《大宛列传》。自武帝遣张骞“凿空”西域以来，“西北外国使更来更去。宛以西，皆自以远，尚骄恣晏然，未可诎以礼羁縻而使也”，特别是大宛国不仅藏匿好马不肯予汉使，而且“饶汉物”，命其东边郁成侯劫杀汉使，取其财物。大宛之所以如此妄为，是因为其认为：“汉去我远，而盐水中数败，出其北有胡寇，出其南乏水草。又且往往而绝邑，乏食者多。汉使数百人为辈来，而常乏食，死者过半，是安能致大军乎？无奈我何。”[1]这一分析却是切中当时汉与西域交通不便的要害。《史记》所称“盐水”者在《汉书》中被称作“盐泽”，时匈奴在盐泽之北，楼兰当盐泽之西，数为行旅之患。《汉书·西域传》记载称：“后贰师军击大宛，匈奴

---

[1]［汉］司马迁：《史记（修订本）》卷一百二十三《大宛列传》，北京：中华书局，2014 年，第 3852 页。

欲遮之，贰师兵盛不敢当，即遣骑因楼兰候汉使后过者，欲绝勿通。”[1]大宛议者所云北有胡寇者所指即为匈奴。在玉门关以西，盐泽的东边，是白龙堆沙漠，空无水草居民，所谓“绝邑”即是指“近道之处无城郭之居”。《汉书·西域传》称楼兰最东陲，近汉，当白龙堆，乏水草。同传又载：“贰师将军军既西过盐水，当道小国恐，各坚城守，不肯给食。”传末又云：“西至盐水，往往有亭。而仑头有田卒数百人，因置使者护田积粟，以给使外国者。”可见其时通西域的道路，无论是南道还是北道，必须经过环境恶劣的盐泽。另据考古调查，在今罗布泊北岸发现有古烽燧亭遗址，发掘出大量木简，墨书隶字，有黄龙、永和、元延诸年号，为西汉时故物无误。同时在遗址附近发现有数枚记载行人往来的木简，亭北有古道遗址，东西向行，在道路两旁多有拾获五铢钱之类文物，应为当时行人所遗。这些相互佐证，证明西汉通西域之道必由玉门关西北行，过龙堆，越盐泽，直西经楼兰，然后转入南道或北道这些主干道。

至于楼兰之西的西域道路，尤其是北道交通走向如何，《史记》与《汉书》的记载均不甚明了，但从《史记》对李广利伐大宛之役的记载中仍旧可以大体窥见西汉初通西域北道的走向。李广利曾先后两次远征大宛，《史记·大宛列传》对两次战争经过均有记载，但详于记述太初三年（前102）李广利第二次伐宛的经过，其原文引述如下：

> 于是贰师后复行，兵多，而所至小国莫不迎，出食给军。至仑头，仑头不下，攻数日，屠之。自此而西，平行至宛城，汉兵到者三万人。宛兵迎击汉兵，汉兵射败之，宛走入葆乘其城。贰师兵欲行攻郁成，恐留行而令宛益生诈，乃先至宛，决其水源，移之，则宛固已忧困。围其城，攻之四十余日，其外城坏，虏宛贵人勇将煎靡。宛大恐，走入中城。……初，贰师起敦煌西，以为人多，道上国不能食，乃分为数军，从南北道。校尉王申生、故鸿胪壶充国等千余人，别到郁成。[2]

通过这则史料的表述可知，李广利其时是分兵并进的，其主力所走即为初通之西域北道无疑，结合前文关于李广利首伐大宛的记载，可以大致勾勒出李

[1] [汉]班固：《汉书》卷九十六上《西域传》，北京：中华书局，1962年，第3877页。

[2] [汉]司马迁：《史记（修订本）》卷一百二十三《大宛列传》，北京：中华书局，2014年，第3855页。

广利西征之路线，即西出玉门关，过白龙堆、越盐泽，径直到楼兰，然后分兵，李广利率主力走北道，校尉王申生、故鸿胪壶充国等率兵行南道。李广利出楼兰后，即有仑头之屠，可见其时楼兰与仑头当为直线。故以此推之，李广利主力所行之北道应该是西出玉门关，过三垄沙、白龙堆，越盐泽，沿罗布泊北岸，经土垠、楼兰、海头故地，顺孔雀河行至轮台，转西进入仑头、焉耆、龟兹、疏勒等西域腹地[1]，再越过葱岭抵达大宛。只有沿此路行进，仑头方为必经之地，李广利在此屠城才会成为可能。武帝在褒奖李广利的诏书中亦提到"从溯河山，涉流沙"之语，该为此地东有盐水、白龙堆沙碛，西有大山河流，可溯河而西的缘故。至于《两汉书》将北道的起点标为车师，那应该是神爵二年车师附汉以后的事情。在此之前，车师处于匈奴控制之下，为了行旅安全，西汉绝无可能将车师作为中西交通转接的枢纽，故这个交通转接地必然选择在轮台—渠犁一带，是以西汉历武帝、昭帝及宣帝初年均将北道的屯田重心放在轮台—渠犁一带。

这条路线虽然避开了匈奴控制下的车师、焉耆等地，减少了匈奴骑兵的威胁，但所过之地均为人迹罕至之荒原沙漠，交通条件极其恶劣。[2] 是以当车师附汉之后，汉廷便另辟了一条新的北道。关于这条道路的走向，大致是西出敦煌，绕过三垄沙（今疏勒河西端沙漠）之北，再横越白龙堆（今罗布淖尔东北岸之盐碛地），经楼兰（今罗布淖尔北岸），由库鲁克塔格改道[3]，向北至车师前国（今吐鲁番附近），再转向西南，沿塔里木河古代河谷，取道焉耆（今焉耆县附近）、龟兹（今库车县附近）、姑墨（今阿克苏县附近），再往西南，至疏勒（今疏勒县附近）；由疏勒往西，越过葱岭，到达大宛。[4] 这条道路较之旧道通过条件更为优越，因之成为汉代通西域的主要交通路线。

随着这条交通大动脉的改向，车师前部取代渠犁成为中西北线交通的主要转接枢纽，为了保障这条交通要线的安全及给养，在车师前部组织大规模的屯田便成为西汉王朝最有效的选择。

---

[1] 王素：《高昌史稿（交通编）》，北京：文物出版社，2000 年，第 125 页。

[2] 详见本书第一章第三节第三部分。

[3] 王素：《高昌史稿（交通编）》，北京：文物出版社，2000 年，第 129 页。

[4] 马雍：《从新疆历史文物看汉代在西域的政治措施和经济建设》，《西域史地文物丛考》，北京：文物出版社，1990 年，第 8 页。

第二节　汉代西域屯田职能的演变
——以戊己校尉为核心的探讨

戊己校尉是汉朝官制中的一个特殊职官，不仅职能特殊，而且地位十分独特，在汉王朝经营西域的过程中发挥了不可言喻的作用，其职能和地位也随着汉朝西域政策的变迁而不断变化。要研究汉代中央王朝如何加强对西域的控制，理清戊己校尉的特殊职务、特殊地位及其变迁的过程，实属必要。

一、戊己校尉的职能

戊己校尉自汉元帝初元元年（前48）设立以来，其基本职能是管理西域地区，尤其是西域北道的屯戍事务。但随着汉代经营西域的深入，西域事务逐渐趋于纷杂繁芜，戊己校尉被赋予了许多新的职能，以便加强政府对西域的控制。

第一，管理屯戍事务，维护丝路北道的安全，促进当地经济发展。戊己校尉屯戍地起初在车师前国王都交河城，至晚平帝时移至高昌壁。两地均位于车师前部，地理位置十分特殊。据《汉书·西域传》记载，汉代自玉门关、阳关通西域的道路有两条，即所谓的“南北道”。其中，北道是主要干道，据殷晴在《汉代丝路南北道研究》一文中的考证，西汉时的北道又称“东西道”，是中西交通的主干道，其大体走向是自敦煌西北行出玉门关到楼兰，然后折向西北，过山国、车师，行至尉犁或焉耆接上北干道[1]，可通危须、焉耆、尉犁、乌垒、龟兹、姑墨、温宿、尉头、疏勒，再继续西行过葱岭可到大宛、康居、安息和犁轩等国。可见，车师是汉朝由北道通往西域的桥头堡，同时也是匈奴进出西域的重要交通孔道，匈奴常从车师“遮汉道通乌孙者”[2]，甚至胁迫西域诸国东向威胁河西，以致河西郡县“城门昼闭”[3]。因此，设立戊己校尉屯戍车师，既是为了加强对车师的控

[1] 殷晴：《汉代丝路南北道研究》，《新疆社会科学》，2010年第1期，第121—128页。
[2] [汉]班固：《汉书》卷九十六下《西域传》，北京：中华书局，1962年，第3922页。
[3] [南朝宋]范晔：《后汉书》卷八十八《西域传》，北京：中华书局，1965年，第2909页。

制，亦是为北道交通的畅通提供安全保障。东汉时期，随着“新北道”的开辟[1]，在恢复西汉时期的戊己校尉建制的同时，分屯车师后部，以为新道的畅通提供必要的安全保障，迄至东汉末年不变。

在戍边护道的同时，大力开展屯田事业也是戊己校尉的职责之一，目前虽无直接的史料和考古材料来证明戊己校尉领护下的屯田规模，但从新莽时期陈良、终带等人攻杀戊己校尉刀护，劫掠戊己校尉属下屯田吏士两千余人逃入匈奴来看，其屯田规模应十分可观。对于西域地区的绿洲农业来讲，如此规模的屯田，既是中原地区先进的农业灌溉技术的产物，又是当地大规模水利开发的结果。而无论是先进农业技术的引进和推广，抑或是水利工程的修建，无疑都是在戊己校尉的负责下完成的。戊己校尉屯田规模的扩大，一方面改变了当地的水利灌溉条件，另一方面则将先进的农业技术带入西域，这必然对当地的农业生产产生影响，从而进一步带动当地的经济发展。通过对比前后《汉书》之《西域传》绿洲诸国的人口数据可以发现，两《汉书》相间的一百多年内，绿洲诸国出现了人口爆炸，居民数量平均增长了 5 倍。前工业时代，这样的人口爆炸只有在农业生产大幅度提高的条件下才有可能。[2] 而对于西域绿洲诸国来说，依赖有限的水源进行的农业要有大幅度提高，就必须引进高超的农业技术、先进的储水方法和灌溉措施以扩大耕地面积与单位产量。显然，中原的密集型灌溉农业的引进在这一过程中起了决定性作用，而中原先进农业的西传，正是通过汉朝在西域进行的屯田实现的。因此，在这个意义上讲，作为汉朝西域军屯管理机构的戊己校尉，也肩负着繁荣当地经济的职责。

第二，辅佐西域都护管理西域事务。由于西域诸国政权林立，各种势力分布复杂，尤其是北道诸国，“与汉隔远”且“地近匈奴”，容易受到匈奴的煽动和威胁，屡有叛汉事件发生。因此，仅仅依靠西域都护领护南北两道诸国，其力显然有所不逮。这样一来，屯戍于车师的戊己校尉便被赋予了参与西域军政事务的

---

[1] 据《汉书·西域传》：“元始中，车师后王国有新道，出五船北，通玉门关，往来差近，戊己校尉徐普欲开以省道里半，避白龙堆之阸。”之后，《后汉书·西域传》引班勇所著《西域风土记》云：“自敦煌西出玉门关，北通伊吾，自伊吾北通车师。”而后，《魏略·西戎传》中说，新道即“从玉门关西北出，经横坑，避三垅沙及龙堆，出五船北，到车师界”。以上这些记载所指即为“新北道”。

[2] E.Zurcher, Han Buddhism and the Western Region, Thought and Law in Qin and Han China, Leiden, 1990；转引自余太山主编《西域文化史》，北京：中国友谊出版公司，1995年，第 76 页。

权力，以辅佐西域都护安辑和震慑西域诸国。如永平十七年(74)，耿恭任戊己校尉屯田车师后部金蒲城时，即“移檄乌孙，示汉威德，大昆弥以下皆欢喜，遣使献名马……愿遣子入侍。恭乃发使资金帛，迎其侍子”[1]。此一例便为戊己校尉安辑乌孙之实例。同时，戊己校尉多次参与西域平叛的行动，如汉成帝元延二年(前1)，段会宗诛杀“负汉”的乌孙末振将太子番丘；王莽始建国二年(10)，车师后王须置离“欲亡入匈奴，戊己校尉刀护闻之，召置离验问，辞服，乃械致都护但钦在所埒娄城”[2]；汉灵帝建宁三年(170)凉州刺史孟佗遣从事任涉讨伐疏勒等事件中，均有戊己校尉参与。另外，史书中还有关于戊己校尉废立西域地方君长的记载，如汉和帝永元八年(96)，“戊己校尉索頵欲废(车师)后部王涿鞮，立破虏侯细致”。汉桓帝永兴元年(153)，车师后部王阿罗多反汉，走依匈奴，敦煌太守宋亮上立后部故王军就质子卑君为后部王，不久阿罗多复从匈奴中还，与卑君争国，“戊己校尉阎详虑其招引北虏，将乱西域，乃开信告示，许复为王，阿罗多诣详降。于是收夺所赐卑君印绶，更立阿罗多为王，仍将卑君还敦煌”。汉灵帝熹平四年(175)，拘弥国王为于窴所杀，“戊己校尉、西域长史各发兵辅立拘弥侍子定兴为王”[3]等。这说明，戊己校尉拥有根据形势需要干预西域地方君长废置的权力。

第三，戊己校尉兼有边塞守御的职责，主要针对的对象是匈奴。正如前文所述，戊己校尉屯戍地所在的车师地区，既是汉朝进入西域北道的桥头堡，又是匈奴势力进入西域的门户。据《汉书·息夫躬传》载，汉哀帝时，息夫躬曾建言：“可令降胡诈为卑爰疐使者来上书曰：‘所以遣子侍单于者，非亲信之也，实畏之耳。唯天子哀，告单于归臣侍子。愿助戊己校尉保恶都奴之界。’”[4]王先谦《汉书补注》引沈钦韩说，认为恶都奴即“车师前王庭也，后汉为伊吾卢声之变”。汉平帝元始中，车师后王姑句、去胡来王唐兜相继亡降匈奴。不久，匈奴又执以付汉，汉遣中郎将王萌于恶都奴界上迎受。[5] 可见，恶都奴当为汉匈在西域之分界，也是匈奴通过车师进入西域的要道，《后汉书》谓之“西域之门户”。汉朝要想有效抵御匈奴势力的入侵，维护西域地区形势的稳定，关键在于能否保有车师。因此，汉匈双方对车师的争夺十分激烈，戊己校尉屯戍于此，便是以之为

[1] [南朝宋]范晔:《后汉书》卷十九《耿弇列传》，北京：中华书局，1965 年，第 720 页。
[2] [汉]班固:《汉书》卷九十六下《西域传》，北京：中华书局，1962 年，第 3925—3926 页。
[3] [南朝宋]范晔:《后汉书》卷八十八《西域传》，北京：中华书局，1965 年，第 2915 页。
[4] [汉]班固:《汉书》卷四十五《蒯伍江息夫传》，北京：中华书局，1962 年，第 2183 页。
[5] [汉]班固:《汉书》卷九十四下《匈奴传》，北京：中华书局，1962 年，第 3819 页。

前出基地，加强对车师的控制，抵御匈奴的入侵，进而巩固汉朝中央政府对西域的统治。这就意味着戊己校尉负有护卫车师安全、抵御匈奴的职责。《汉书·西域传下》就有戊己校尉刀护（《王莽传》作“刁护”）“遣史陈良屯桓且谷备匈奴寇，史终带取粮食，司马丞韩玄领诸壁，右曲侯任商领诸垒”的记载；东汉明帝末年，“北单于遣左鹿蠡王二万骑击车师，（戊己校尉耿）恭遣司马将兵三百人救之”[1]。诚如扬雄所言：“往者图西域、制车师、置城郭都护三十六国，费岁以大万计者，岂为康居、乌孙能逾白龙堆而寇西边哉？乃以制匈奴也。”[2]

二、戊己校尉地位的变迁

通过前面的分析可知，戊己校尉在西域的职官体系中，是一个颇为特别的官职。不仅职务特殊，其地位也非常独特，而且其职务和地位始终处于不断的变迁当中。通过对史料的梳理，可以发现其演变大约经历了以下几个阶段。

第一个阶段，是自汉元帝初元元年戊己校尉始建到汉平帝在位时期。在这近五十年间，戊己校尉作为主管屯戍的军事职官，其职务仅限于管理屯田事务，抵御匈奴、维护北道交通，除元帝时西域副校尉陈汤矫诏发戊己校尉屯田吏士讨伐郅支单于和成帝时徙己校屯姑墨，欲候便讨伐乌孙叛乱的日贰以外，戊己校尉鲜有对西域行政的干预。

第二个阶段，始自平帝元始年间到新莽末年，随着新道的开辟，车师的地位益发重要，戊己校尉开始利用其地缘优势，介入对车师的事务管理。《汉书·西域传下》记载：

> 元始中，车师后王国有新道，出五船北，通玉门关，往来差近，戊己校尉徐普欲开以省道里半，避白龙堆之阸。车师后王姑句以道当为拄置，心不便也。地又颇与匈奴南将军地接，曾欲分明其界然后奏之，召姑句使证之，不肯，系之。[3]

同传新莽始建国二年（10）条记载，以广新公甄丰为右伯，当出西域。车师

[1] ［南朝宋］范晔：《后汉书》卷十九《耿弇列传》，北京：中华书局，1965年，第720页。
[2] ［汉］班固：《汉书》卷九十四下《匈奴传》，北京：中华书局，1962年，第3816页。
[3] ［汉］班固：《汉书》卷九十六下《西域传》，北京：中华书局，1962年，第3924页。

后王须置离闻之，与其右将股鞮、左将尸尼支谋曰："闻甄公为西域太伯，当出，故事给使者牛羊刍茭，导译，前五威将过，所给使尚未能备。今太伯复出，国益贫，恐不能称。"欲亡入匈奴。戊己校尉刀护闻之，召置离验问，辞服，乃械至都护但钦在所埒娄城。

通过这两条史料，可以看出此时的戊己校尉已经开始介入西域的行政事务，尤其是在处理车师事务中有极大的权力和独立性。虽然在具体事务上，仍旧要受到西域都护的节制，但戊己校尉已经开始介入和代管一些西域事务了。

第三个阶段，始自汉明帝重开西域，迨至东汉末年。这一时期，东汉王朝在西域的经营虽然几经波折，但戊己校尉的职权则呈日益加强之势。如前引明帝永平十七年戊己校尉耿恭安辑乌孙昆弥，"移檄乌孙，示汉威德，大昆弥以下皆欢喜，遣使献名马……愿遣子入侍。恭乃发使资金帛，迎其侍子"。安辑西域诸国本是西域都护之职责，而在这里则由戊己校尉代行安辑之权，可见东汉时戊己校尉较之西汉在西域事务上有着更为重要的职责和分量，此后，戊己校尉对西域事务的参与与介入越发深入。

一般认为西域都护在处理西域事务中占有主导权，但从东汉的情况来看，戊己校尉在西域事务的处理中也具有极大的权力和一定的独立性。特别是和帝以后，随着西域都护的逐步废置，戊己校尉对西域事务的介入与代管的广度和深度均大大超越前代，很大程度上代替了西域都护代表中央管理西域事务：安辑西域诸国，必要时动用指挥屯田吏士及西域内属诸国的武装力量仲裁西域各国纷争，平定叛乱，遂行意志，拟于守土本职，在西域事务中拥有极大的权责与影响力。

综合来看，戊己校尉职掌的演变主要有两个特点。

第一，职能扩大化且地位不断提高。戊己校尉最初为领护屯田的长官，更多地作为一支军事力量屯戍西域，为加强汉王朝对西域的控制提供军事保障。随着汉匈双方在西域争夺的焦点逐步转移至车师地区，戊己校尉的权责益发重要，在领兵与屯田事务之外，又被赋予了招怀和安辑西域诸国等权力。这种职权得到加强的情况，是汉王朝针对西域的形势变化做出的反应，其目的在于提高戊己校尉的权威，以便保持汉朝对西域的实际影响和震慑匈奴的觊觎。戊己校尉职能的扩大化也进一步促成了其地位的提高，逐步从主管屯戍的田官发展成为兼司西域政务的高级地方长官，这也是两汉官僚体制具有一定灵活性的重要体现。

第二，东汉管理西域事务的机构级别降低，戊己校尉的地位更为突出。西汉时设西域都护总理西域事务，东汉时西域都护逐步废置，由其属吏西域长史代替。随着西域都护的废置及西域长史治所的东移，戊己校尉事实上成为东汉在西域腹地唯一牢固的据点，其所发挥的作用要远远大于西汉时期。西汉时期，戊己校尉已开始部分地插手西域事务，但如前所论，就其深度和广度而言，远远不及东汉时期。东汉自建立之初对西域的经营便显得力不从心，频繁迭起的羌乱，消耗了东汉大量的人力与物力，在国力下降和财政拮据等因素的压迫下，东汉不得不主动削弱对西域的控制。在这种情况下，东汉政府一方面以西域长史代行西域都护的职责，另一方面又适当提高戊己校尉的地位与职权。据《三国志·魏书·仓慈传》记载：

> 仓慈……太和中，迁敦煌太守。郡在西陲，以丧乱隔绝，旷无太守二十岁，大姓雄张，遂以为俗。前太守尹奉等，循故而已，无所匡革。慈到，抑挫权右，抚恤贫羸，甚得其理。……又常日西域杂胡欲来贡献，而诸豪族多逆断绝；既与贸迁，欺诈侮易，多不得分明。胡常怨望，慈皆劳之。欲诣洛者，为封过所，欲从郡还者，官为平取，辄以府见物与共交市，使吏民护送道路，由是民夷翕然称其德惠。数年卒官，吏民悲戚如丧亲戚，图画其形，思其遗像。及西域诸胡闻慈死，悉公汇聚于戊己校尉及(西域)长吏(史)治下发哀，或以刀画面，以明血诚，又为立祠，遥共祠之。[1]

由此传可知，三国曹魏时期，敦煌太守已成为处理西域事务的最高长官。而当仓慈卒于敦煌太守任上时，西域诸胡分别会聚于戊己校尉及西域长史治下发哀，说明当时的戊己校尉不仅主管屯戍，而且兼司境内诸胡事务，其行政地位与西域长史相似。这里反映的虽然是三国曹魏时期的情况，但其时去东汉未远，应该是承袭汉故事而来的。这种布置，虽然不能恢复到西汉时期对西域的控制与影响，但对维持一个稳定的西部边疆，无疑是卓有成效的。

三、职能演变的原因

戊己校尉的设立，与西汉王朝积极的西进政策是密切相关的。早在武帝时

[1] [晋]陈寿撰、[南朝宋]裴松之注：《三国志·魏书》卷十六，北京：中华书局，1959 年，第 512 页。

代，西汉王朝经略西域的目的，并不单单在于“断匈奴右臂”，而是内属西域，谋求将西域纳入中原王朝的统治体系，只是迫于现实形势，而使后者暂时服从于前者。昭宣以来，西汉王朝继承了武帝积极进取的西域政策，并初步实现了将西域纳入中原王朝管辖之下的既定目标。在这一目标实现的过程之中，匈奴是最大的障碍。西汉王朝之所以长期不能有效控制西域，其症结在于无法长期稳定地占据车师前后国，以封闭匈奴进出西域的通道。为此，自武帝至宣帝数十年间，西汉王朝曾与匈奴五争车师。但车师之地的得失，事关匈奴在西域的根本利益，故而匈奴全力反扑，车师的控制权反复易手，西汉始终无法有效控制其地。直到神爵二年(前 60)匈奴日逐王降汉，在西域设置都护之后，西汉才取代匈奴，取得了对西域的绝对控制权，汉朝随之调整了西域地区的战略布局，即为遏制匈奴势力进入西域而将战略重心转移至车师前王国。在这一战略重心调整的背景下，汉元帝于初元元年(前 48)整合西域的屯田力量，设置了正式的武官——戊己校尉，其职责即为“攘匈奴而安西域”，主要是管理西域的屯戍事务，偶尔参与西域的其他事务。

较之于西汉积极主动地经营西域，东汉王朝对西域的经略则稍显消极被动，在经历了短暂的繁荣之后，便逐步趋向没落。由于东汉经营西域的目的仅仅是出于维护西北边境的安全和打击北匈奴的需要，没有获得东汉政府的足够重视。加之东汉王朝孱弱的国力，连年迭起的羌乱对国力消耗的加剧，东汉王朝没有也无力在西域地区投入足够的力量。同时，西域诸国随着自身实力的增强，往往叛服无常，一定程度上也增加了东汉控制西域的难度。自永平十七年(74)到永初元年(107)，西域都护曾两度废置。在此之后，东汉王朝仅以西域长史经略西域，且在班勇之后，继任的西域长史逐步沦为凉州地方长官的属吏，治所亦东移至楼兰地区，屯戍于高昌壁的戊己校尉成了东汉中原王朝在西域腹地唯一的存在。适当地加强戊己校尉的职权，既可以在西域维持一定的影响与控制力，又显示了东汉政府维持西北边疆稳定的战略底线，是东汉王朝基于现实的妥协。

第三节　东汉伊吾屯田考论

东汉在伊吾的屯田，是当时中央王朝经营西域的一个重要步骤和有效措施。但长期以来学术界对伊吾屯田的关注较少，且鲜有对伊吾屯田问题进行专门研究者。本节主要运用传世文献的记载，对伊吾屯田及相关问题做一初步探讨。

一、伊吾屯田的置废

汉代伊吾，在今哈密市西 60 公里处，与匈奴毗邻，为西域门户，战略地位十分突出。这里气候温和，土壤肥沃，著名的哈密瓜就出产在这里。《后汉书·西域传》载："伊吾，地宜五谷、桑麻、葡萄。其北又有柳中，皆膏腴之地。故汉常与匈奴争车师、伊吾，以控西域焉。"[1]

东汉与匈奴在伊吾反复较量，每次夺得伊吾立即组织屯田。由于争夺之频繁，出现了屯田屡置屡废的局面。

第一次屯田伊吾是在永平十六年(73)，这一年春天，汉明帝决心效武帝着力经营西域，派奉车都尉窦固、骑都尉耿忠率骑兵 12000 人在天山东部大败匈奴。《后汉书·明帝纪》载："二月……窦固破呼衍王于天山，留兵屯伊吾城。"关于这一战役的经过，《后汉书·窦固传》是这样记述的："(窦)固、(耿)忠至天山，击呼衍王，斩首千余级，呼衍王走，追至蒲类海，留吏士屯伊吾城。"在这一战役中，班超率士卒与匈奴激战，打得很出色，为窦固所赏识。"奉车都尉出击匈奴，以超为假司马，将兵别击伊吾，战于蒲类海，多斩首虏而还，固以为能，遣与从事郭恂俱使西域。"[2]这次屯田，时间较短，仅仅进行了四年，至建初二年(77)，因西域焉耆、龟兹与姑墨诸国叛乱，汉章帝"不欲疲敝中国以事夷狄"。于"三月，复罢屯田伊吾，匈奴因遣兵守伊吾地"[3]。这次屯田的停止，显然是缺乏战略远见的。

至汉和帝永元二年(90)，车骑将军窦宪派副校尉阎槃率 2000 骑掩击伊吾。

[1] [南朝宋]范晔：《后汉书》卷八十八《西域传》，北京：中华书局，1965 年，第 2914 页。
[2] [南朝宋]范晔：《后汉书》卷四十七《班梁列传》，北京：中华书局，1965 年，第 1572 页。
[3] [南朝宋]范晔：《后汉书》卷三《章帝纪》，北京：中华书局，1965 年，第 135 页。

攻克之后，东汉第二次在伊吾进行屯田。永元四年(92)，“使中郎将任尚持节卫护屯伊吾”[1]。永元五年已降汉的匈奴於除鞬叛逃，帝遣任尚率屯田士卒与将兵长史王辅所率千余骑追斩於除鞬。

延平元年(106)，西域诸国叛，攻都护任尚于疏勒，会温宿、姑墨皆叛，被副校尉梁慬大败之，西域叛乱被平定，因路远书信迟到。公卿以为西域阻远，数有背叛，其费无已。遂于永初元年(107)“罢都护，遣骑都尉王弘发关中兵，迎慬、禧、博及伊吾、柳中屯田吏士”[2]。西域的叛乱被平定下去后而放弃西域屯田，可见东汉政府在西域经略上缺乏稳健的政策。

第三次屯田伊吾是在元初六年(119)，是年长史索班率千余人，收复伊吾并行屯田，同时招抚西域各国。《后汉书・西域传》载：“敦煌太守患其(匈奴)暴害。元初六年，乃上遣行长史索班，将千人屯伊吾以招抚之，于是车师前王及鄯善王来降。”[3]仅数月，“北匈奴复率车师后部王共攻没班等。遂击走其前王。曹宗请兵北击匈奴，复欲进取西域，邓太后不许”。其后北匈奴与车师屡寇河西，朝廷不能禁。有的大臣竟提议：“闭玉门关、阳关，以绝其患。”[4]

至延光二年(123)，朝廷复以班勇为长史出西域，再次统一西域。其后，顺帝永建六年(131)，伊吾再次恢复屯田，是为东汉王朝第四次屯田伊吾。此次屯田，为了加强领导，汉廷置伊吾司马一人：“帝以伊吾旧膏腴之地，傍近西域，匈奴资之以为钞暴，复令开设屯田，如永元时事，置伊吾司马一人。”[5]

这次恢复屯田后，由于政治局面较稳定，屯田事业得到了迅速发展，建成西域一个大的屯田基地。屯田士卒不仅进行屯田，还参加了保卫边疆的战斗。元嘉元年(151)，北匈奴呼衍王率士卒三千余进攻伊吾，伊吾司马毛恺率屯军五百人迎战失败，全军覆没。敦煌太守马达率兵四千救援，匈奴闻讯，引兵西去。伊吾屯田虽迭经挫折，但旋即恢复。

二、东汉三弃伊吾之原因分析

东汉王朝在伊吾的屯田波动性较大，曾经历过先后三次废置，具体已见于

[1] [南朝宋]范晔：《后汉书》卷八十九《南匈奴传》，北京：中华书局，1965年，第2954页。
[2] [南朝宋]范晔：《后汉书》卷四十七《班梁列传》，北京：中华书局，1965年，第1592页。
[3] [南朝宋]范晔：《后汉书》卷八十八《西域传》，北京：中华书局，1965年，第2911页。
[4] [南朝宋]范晔：《后汉书》卷八十八《西域传》，北京：中华书局，1965年，第2911页。
[5] [南朝宋]范晔：《后汉书》卷八十八《西域传》，北京：中华书局，1965年，第2912页。

上文论述。导致这一情况的原因有很多，既有西域险远不便经营的因素，也与东汉王朝最高统治阶层对西域的忽视及消极的经营态度相关，而后者在其中起到了主要作用。

首先，东汉王朝的政治重心的转移，严重削弱了西北地区的经济与军事实力，使得东汉王朝对伊吾的经略更多地表现出消极的一面。东汉时期的政治与经济重心已由西汉时的关中地区东移至关东地区，是以东汉王朝将都城建在了洛阳，而没有还都长安。东汉政治重心的东移，是有着深刻原因的。早在两汉之际，关东地区便已取代关中地区，成为全国的经济中心，对于这一点，汉光武帝是有着深刻认知的。在其出征之际，曾嘱托河内太守寇恂："河内完富，吾将因是而起。昔高祖留萧何镇关中，吾今委公以河内，坚守转运，给足军粮，率厉士马。"[1]可见河内地区之于东汉类似于关中之于西汉，是东汉王朝经济与政治重心所在，关中和凉州地区在全国的政治与经济地位则急转直下。关中和凉州等西北郡县的衰弱，最明显的地方表现在人口的衰减上。如若将《汉书·地理志》所记西汉平帝元始二年(2)三辅和凉州地区的人口数与《后汉书·郡国志》所记顺帝永和五年(140)的数字做一比较的话，就会发现，相对于西汉，东汉时期这两个地区的人口数衰减程度十分惊人。东汉三辅人口为 523862 人，西汉为 2436360 人，仅为后者的二成；东汉凉州人口为 397583 人，西汉为1282011 人，仅是西汉的三成。人口的衰减，一方面意味着这些地方财政收入的减少，另一方面使国防动员的兵员大幅度减少。而这两地历来为汉代经营西域的前出基地，西域有事，往往征集两地的兵力和财力予以应对。如章帝时北匈奴围戊、己校尉耿恭和关宠，关宠上书求援，章帝即遣酒泉太守段彭等将敦煌、酒泉、张掖三郡及鄯善兵 7000 人往救。安帝时，曾派骑都尉王弘发关中兵迎还西域都护段禧、副校尉梁慬及伊吾、柳中等地的屯田吏士。顺帝时，朝廷又派遣敦煌太守张朗率河西四郡兵 3000 人增援班勇。河西地区往往还要向西域地区供应耕牛、犁耙和粮草等物资。凉州与三辅的衰弱，对东汉在西域的经营产生了很大影响，使西域地区获得的经济和军事支援大幅度减少，东汉王朝不得不大量征发羌胡骑兵支援西域的作战，这又为日后羌乱的爆发，埋下了伏笔。

其次，东汉王朝对西羌族群的治理不善，导致凉州地区羌乱不断，严重影响了东汉王朝与伊吾的联系通道，最终也成为东汉王朝数度放弃伊吾的重要原因之一。早在新莽末，诸羌便据西海郡为寇。更始、赤眉之际，羌人势力更为壮

[1] [南朝宋]范晔：《后汉书》卷十六《邓寇列传》，北京：中华书局，1965 年，第 621 页。

大，屡屡进犯金城、陇西等郡县。当时凉州的割据势力隗嚣“不能讨，乃就慰纳，因发其众，与汉相拒”[1]。建武九年(33)东汉平定凉州之后，接受班彪的建议，复置护羌校尉，管理西羌事务。此后，诸羌时叛时服，成为东汉西北边疆最大的威胁，也对东汉王朝在西域的经营产生了极其消极的影响。一方面，羌乱的爆发，牵制了东汉王朝的大量军力和财力，不能全力支援西域地区的经营；另一方面，羌乱的爆发，阻隔了东汉中央与河西、西域地区的交通和联系，导致“檄书不通”的局面，使东汉王朝难以掌控西域的局势。东汉王朝在西域“三绝三通”，很大程度上是受到了羌乱的影响。

光武帝在西域的不作为，历来为学者所诟病，其实也与西北羌地的形势不稳有关。就在护羌校尉设立的第二年，建武十年(34)，先零豪便与诸羌勾结，攻金城、陇西，汉遣中郎将来歙等击破。十一年，先零羌又犯洮，被陇西太守马援击降，并将部分羌人迁徙至天水、陇西和扶风三郡。后烧当羌又崛起犯边，明帝永平元年(58)，遣中郎将窦固、捕虏将军马武等大破滇吾于西邯，滇吾远遁，余部皆降，“徙七千口置三辅”[2]，命谒者窦林领护羌校尉，治狄道。窦林在羌人中素有威信，滇吾等来降，西羌的局势才得以稍稍平稳，东汉王朝才得以调集人力物力征讨北匈奴，并重开西域经营。

章帝建初元年(76)，朝廷又一次放弃西域，虽然有“大旱谷贵”“远屯绝域，吏民怨旷”等诸多理由，但实际上，羌乱的再次爆发打乱了章帝对西域的经营。据史载，建初元年，以吴棠领护羌校尉，居安夷。二年，烧当羌迷吾叛，棠不能制，被朝廷征免。傅育代为护羌校尉，居临羌。迷吾与封养种豪布桥等寇陇西、汉阳，朝廷派遣马防、耿恭讨平，迷吾投降。于是汉筑索西城，徙陇西南部都尉戍守，并恢复了羌乱破坏的沿线诸亭候，重新打通了汉与西域的联系，于建初三年，以徐干为假司马，率兵千人赴西域支援班超，重开西域经营。

永元十四年(102)，任尚代替班超任西域都护。由于任尚举措失宜，激起了西域诸国的反叛，并围攻任尚于疏勒，汉以梁慬为西域副校尉率河西羌骑驰援，但到达之前，任尚之围已解。朝廷遂召回任尚，以段禧为西域都护，赵博为长史。不久，又因为汉军进驻龟兹王城事件，引发龟兹、温宿、姑墨等国再叛。梁慬苦战数月，方平息龟兹等国的叛乱。安帝即位后，派骑都尉王弘率河西羌人骑兵增援西域，无奈将吏贪暴，激起羌人起义，阻断陇道。陇西是东汉通往西域

[1] [南朝宋]范晔:《后汉书》卷八十七《西羌传》，北京:中华书局，1965 年，第 2878 页。
[2] [南朝宋]范晔:《后汉书》卷八十七《西羌传》，北京:中华书局，1965 年，第 2880 页。

的咽喉要道，陇道的断绝，导致中央与西域的联系受阻，且羌人的起义也使东汉王朝无法利用西羌的力量支援西域。于是东汉政府不得不于永初元年（107）六月，下诏罢都护，并罢伊吾、柳中屯田，东汉的势力第三次撤出西域。此后，一直到延光二年（123），西北羌乱稍稍平息以后，安帝方始采纳敦煌太守张珰的建议，拜班勇为西域长史，领兵500，出屯柳中，西域始得“三通”。

可见，东汉王朝对西羌经营的不善，导致羌乱此起彼伏，汉通西域的交通数次被切断，严重制约了东汉王朝在西域的经营，也使得东汉在伊吾的屯田事业颇受挫折。

再次，伊吾屯田作为东汉西域经略的一部分，在很大程度上受到东汉王朝西域整体政策的影响。东汉王朝对西域的重视程度远远低于西汉，对经营西域的态度极为消极，稍有挫折，便予以放弃。东汉经营西域的主要目的是制御匈奴，随着南匈奴附汉，北匈奴势力大减，西域的战略地位大不如前，加之东汉定都洛阳，旧都长安所在关中地区的政治地位有所下降，作为拱卫京师的凉州亦被边缘化，朝中数有弃凉之议，对于更为偏远的西域地区，自光武帝时起，东汉王朝对其就抱有“任其所从”的态度。此后，东汉虽然继承了西汉在西域的都护制度，但时设时废，并不稳定，自安帝之后，仅以长史代行西域都护职权。

最后，也是最重要的一点，伊吾的地理位置重要，是匈奴势力进出西域的门户，匈奴要想控制西域，伊吾即为其必须与东汉争夺之地。而此时的匈奴早已分裂为南北两部，南匈奴业已附汉，北匈奴日益西迁，掠夺西域地区丰厚的人力与物质资源，成为北匈奴攫取财富赖以生存的重要手段。因此，与东汉王朝对西域持消极态度不同，北匈奴十分重视西域的经略，只要其力量稍得以恢复，便积极展开与汉在西域的争夺，伊吾亦是其重点争夺的对象。即便是该地处于东汉的严密控制之下，匈奴亦多次发起对伊吾的进攻，如桓帝元嘉元年（151）北匈奴呼衍王将3000骑侵伊吾，在击破伊吾司马毛恺的抵抗后，呼衍王进一步攻打伊吾城。同年夏，敦煌太守司马达率敦煌、酒泉、张掖属国吏士四千多人往救，至蒲类海，呼衍王闻讯退兵。[1] 可见，伊吾是匈奴必争之地，一旦东汉王朝实力衰退，匈奴便卷土重来，在主力退出西域的情况下，东汉很难保有伊吾，故该处屯田往往随汉军主力之进退而进退。

整体上看，东汉对伊吾屯田政策的摇摆波动是由多种因素造成的，除了上述四点原因外，还有东汉朝廷的腐败、边防的收缩及民族政策的转变等诸多因

[1] ［南朝宋］范晔：《后汉书》卷八十八《西域传》，北京：中华书局，1965年，第2930页。

素的影响，但归根结底则是东汉国力的衰落，难以有效维持在西域的政治存在，进而导致在伊吾的屯田无法长期维持。

三、伊吾屯田之战略意义

东汉伊吾屯田的目的是保障“伊吾路”[1]、抵御匈奴、总管北道。而要达到这一目的，必须彻底排除匈奴的干扰，保证给养供应。东汉王朝数击北匈奴呼衍王，如永平十六年(73)，汉明帝遣(窦)固、(耿)忠至天山，击呼衍王，斩首千余级，呼衍王走，追至蒲类海，留吏士屯伊吾城，其后又置宜禾校尉领护。[2] 汉和帝永元二年(90)，窦宪遣副校尉阎槃将二千余骑掩击伊吾。[3] 这些都是这种努力的重要展现。伊吾之地正好处于河西、西域与草原地带相交接的十字路口位置，《后汉书》谓之为“西域之门户”。在此屯田一方面彻底割断了匈奴与“伊吾路”的直线联系，从根本上解除了匈奴对“伊吾路”的干扰，同时亦解决了“伊吾路”上的后勤补给问题。

东汉通“伊吾路”的目的，是为了经略西域。而要达此目的，就必须控制伊吾地区。是以每当伊吾地区局势稳定之后，即在此处开展屯田，并置校尉、司马等职官机构予以严格管理。由于校尉、司马等职均为武官，故其性质当与居延的“将屯”即将兵屯田相似，是一种军屯形式。这种屯田建置，提高了伊吾的地位，加强了军事力量，扩大了屯田规模，使之在交通、政治与军事方面可发挥更有效的作用。具体言之，在交通方面它可以确保“伊吾路”的安全和补给，又可以从此直下西域北道诸国。在政治和军事方面，伊吾则成为东汉设在西域北道东端的桥头堡和基地。既可使西域诸国放心依附汉廷之“威重”，又可将北道焉耆、龟兹诸国置于实力控制之下，同时对匈奴形成一种威慑力量，有利于东汉王朝实现控制整个西域的计划。

这样，伊吾屯田与车师前部高昌——柳中屯田、车师后部金满——且固城

[1] 伊吾路，一般指由敦煌出发西北行，经伊吾，沿天山南麓西行，到往高昌方向去的道路，是东汉通西域的重要交通路线。

[2] [南朝宋]范晔：《后汉书》卷二十三《窦固传》，北京：中华书局，1965年，第810页；[南朝宋]范晔：《后汉书》卷八十八《西域传》，北京：中华书局，第2909页。

[3] [南朝宋]范晔：《后汉书》卷八十八《西域传》，北京：中华书局，1965年，第2910页。

屯田一起成鼎足之势,共同构成了抵御匈奴侵扰西域的坚固防线,既可以巩固东汉王朝对西域的统治,又可以作为征伐匈奴的前出基地,使东汉可以在西域进退自如。故此,伊吾屯田的建立,乃是东汉经营西域的重要战略部署的一部分,其意义已然远远超出了单纯的屯田范围。

第四节 汉代西域地区外来人口流动分析
——以汉人为核心

汉代的西域，有广义和狭义之分。广义的“西域”是指玉门关、阳关以西的广阔的亚洲腹地，而狭义的则指今塔里木盆地及其周边地区。本书研究的地域范围主要是狭义上的“西域”，乃班固所划东起玉门关、阳关的区域，即西汉时分属西域都护府和敦煌郡的地区。[1]

关于西域人口的研究，目前虽然取得了一定的成果，但相对匮乏，葛剑雄的《西汉人口地理》和《中国移民史》均设有专门的小节探讨两汉时期汉人进入西域的类型，主要是戍卒、商人、和亲随从人员与使臣，以及月氏和乌孙等的迁移。[2] 侯宗辉的《汉简所见西北边塞的流动人口及社会管理》则重点论述了汉代西北边塞流动人口类型、来源及社会管理状况。[3] 王子今的《秦汉时期的人口流动与文化交融》[4]和孙筱的《秦汉时期人口分布与人口迁移》[5]二文从整体上论述了秦汉时期全国的人口分布与流动，但对西域的情况却很少涉及。贾丛江的《关于西汉时期西域汉人的几个问题》主要论述西汉时汉人进入西域的方式、戍卒更代及汉人留居等内容[6]，是少有的专门研究西域人口的文章，本节的研究从中深受启发，拟就汉代西域地区外来人口，主要是汉人人口问题做一番探讨。

---

[1] 汉代敦煌西境囊括伊循城在内的玉门关以西大片区域。马雍先生曾指出：敦煌郡西境抵达罗布泊东岸，见《西汉时期的玉门关和敦煌郡的西境》，收入《西域史地文物丛考》，文物出版社，1990 年；吴礽骧先生认为西域都护府辖境和敦煌郡龙勒县辖境，交于三陇沙，见《汉代玉门关及其入西域路线之变迁》，载《中亚学刊》第二辑；张德芳先生据悬泉汉简考定伊循城都尉归敦煌太守领属，见《从悬泉汉简看两汉西域屯田及其意义》，载《敦煌研究》2001 年第 3 期；李炳泉先生也认为伊循归敦煌领属，见其《西汉西域伊循屯田考论》，载《西域研究》2003 年第 2 期。

[2] 葛剑雄：《西汉人口地理》，北京：人民出版社，1986 年，第 183－186 页；《中国移民史》(第二卷)，福州：福建人民出版社，1997 年，第 178－181 页。

[3] 侯宗辉：《汉简所见西北边塞的流动人口及社会管理》，《中国边疆史地研究》2011 年第 1 期，第 22－33 页。

[4] 王子今：《秦汉时期的人口流动与文化交融》，《重庆师范学院学报》1999 年第 3 期，第 3－10 页。

[5] 孙筱：《秦汉时期人口分布与人口迁移》，《中国人口科学》1992 年第 4 期，第 46－50 页。

[6] 贾丛江：《关于西汉时期西域汉人的几个问题》，《西域研究》2004 年第 4 期，第 1－8 页。

一、汉代对西域的经略及人口迁移的原因

汉代对西域的经略，始于汉武帝“图制匈奴”战略的实施。西汉初年，迭经战乱，国力空虚，面对强大的匈奴，采取和亲的妥协政策。但和亲不能有效约束匈奴，匈奴仍旧不断南侵，劫掠汉朝的北部和西北边郡。经过汉初几十年的恢复与发展，至汉武帝时，汉朝已经拥有了相当雄厚的国力，汉武帝对和亲政策下匈奴“待命加嫚，侵盗无已”的“背约”行为越发不满，欲改变汉匈之间“倒悬”的态势，于是汉朝对匈奴的政策由和亲转向战争。

在正面反击打击匈奴主力的同时，还远出东西两翼，“东伐朝鲜，起玄菟、乐浪，以断匈奴之左臂；西伐大宛，并三十六国，结乌孙，起敦煌、酒泉、张掖，以鬲婼羌，裂匈奴之右肩”[1]，造成大包围形势，以绝其经济上之供给与援助。[2]因此，围绕着汉武帝对匈奴的包围战略的展开，汉朝开始通过募人出使、经济“倾骇”、政治联姻乃至军事征伐等多种手段经营西域，正如班固所云：“孝武之世，图制匈奴，患其兼从西国，结党南羌，乃表河西，列四郡，开玉门，通西域，以断匈奴右臂，隔绝南羌、月氏。”[3]

随着汉朝对西域经略的不断扩大和深入，大批汉人开始进入西域地区。这些人大致可以分为四类：流落西域的使者和军卒，汉公主的随从，屯戍人员及其家属、私从，以及自由迁入西域的平民。[4] 这些人在这里出现，主要是由以下几个因素导致的。

一是政治因素，汉朝对西域的政策有一个演变过程。起初，汉朝对西域主要以经济渗透为主，其间虽有伐楼兰、车师的军事行动，但主要针对的是乌孙，为达成与乌孙的政治结盟。随着李广利两次征伐大宛和汉匈争夺焦点的西移，为了巩固战果和西北边防，汉朝加大了对西域的控制力度，并实施了一些必要的政治措施，如设置使者、校尉领护屯田等。

二是军事因素，尽管汉朝对西域用兵的规模不大，除李广利伐大宛之役动用数万兵力以外，大部分征伐都是依靠当地武装力量完成的。但出于防御匈奴

[1] [汉]班固：《汉书》卷七十三《韦贤传》，北京：中华书局，1962 年，第 3126 页。

[2] 钱穆：《国史大纲》(上册)，北京：商务印书馆，1996 年，第 203 页。

[3] [汉]班固：《汉书》卷九十六下《西域传》，北京：中华书局，1965 年，第 3928 页。

[4] 贾丛江：《关于西汉时期西域汉人的几个问题》，《西域研究》2004 年第 4 期，第 1—4 页。

的侵扰和巩固对西域控制的需要，却不得不保持一定的军事存在。为此，汉政府有计划地调遣内地的军队、罪人，动员招募平民迁居西域，不仅在伊循、渠犁及车师等屯田据点部署大量屯田士卒，而且在丝路沿途的障塞亭燧中也零星部署相当可观的戍卒。

三是屯田因素。西域地区远离中原，多沙漠盐泽，农业生产技术落后，物资供应相对紧缺。随着汉朝对西域经营的深入，大量的汉人进入西域，这其中包括汉朝派往西域各国的使者，驻扎在西域的戍卒和战斗部队，当然也包括私从、部队家属、流民及商人等。外来人口增加，加剧了西域地区粮食供给的困难，因此，为了解决西域军民的粮食问题，汉朝有必要在西域进行屯田。汉王朝在西域的屯田开始得很早，在细君公主下嫁乌孙昆弥后不久，汉朝便在其北部一带屯田，卫护公主。只是屯田规模尚小，影响有限。汉王朝在西域进行大规模屯田，始于太初年间李广利伐胜大宛以后，先是置使者、校尉领护屯田卒数百人屯于渠犁、轮台一带，至昭帝时，启用被汉武帝废置的屯田计划，即"遣屯田卒诣故轮台以东，置校尉二人分护，各举图地形、通利沟渠，务使以时，益种五谷……益垦溉田，稍筑列亭，连城而西，以威西国"[1]。又于元凤四年(前 77)应鄯善王尉屠耆之请，以司马一人领部分吏士在鄯善伊循地区屯田。[2] 自此以后，汉人在西域屯田的范围逐步扩大，由轮台、渠犁、车师等中部地区，扩大到整个西域，甚至远及巴尔喀什湖以东地区及乌孙北部一些地方[3]，可以说，屯田已然遍及西域水草丰美之地。

以上三条，是大批中原汉人进入西域的主要因素，除此之外，一些因贫困、流亡、刑罚或经商等其他因素而进入西域者，也是占有一定比例的。

二、移民迁移的特点

在前面的讨论中，笔者已经提到，进入西域地区的汉人，大致有四类，即流落西域的使者和军卒，汉公主的随从，屯戍人员及其家属、私从，以及自由迁入西域的平民。以上四类人，构成了西域外来人口的主要来源。西域地区是汉王

---

[1] [汉]班固:《汉书》卷九十六下《西域传》，北京:中华书局，1965 年，第 3912 页。

[2] [汉]班固:《汉书》卷九十六上《西域传》，北京:中华书局，1965 年，第 3878 页。

[3] 马国荣:《两汉时期新疆汉人的社会生活》，《新疆社会论坛》1997 年第 1 期，第 65—70 页。

朝防御匈奴的边防要地和经营西域的基地，军屯系统在西域的防务和开发方面发挥着至关重要的作用。从史籍和出土资料来看，汉代西域地区存在着大量外来人口，且来源广泛，类型也复杂多样。综合分析，可以归纳为以下特点。

其一，汉代西域的外来人口流动性较强。汉代从中原进入西域的人口中，以屯戍人员占大多数，一些屯田卒和戍卒均是来自中原的服兵役者，这类人是有服役年限的。传世文献对汉代西域地区屯戍人员服役年限并没有确切记载，《汉书》中仅提到了都护的更代，《汉书》卷七十《段会宗传》："竟宁中，以杜陵令五府举为西域都护、骑都尉光禄大夫……三岁，更尽还。"如淳注曰："边吏三岁一更。"[1]而普通军吏和士卒的更代之制却没有记载。幸赖出土文献的帮助，西域军吏更罢返回北军的记载，屡见于汉简[2]，虽然没有记载几年一更，不过，军吏亦属"边吏"，应当与都护同制。同时据敦煌汉简反映，敦煌郡所辖包括伊循等地的戍卒与内地相同，都是一岁一更。[3] 至于屯戍人员中的弛刑士，虽不遵循更代之制，但根据其抵罪的轻重，也是有一定期限的。在悬泉汉简中载有"兵令十三，当占缗钱，匿不自占，不以实，罚及家长戍边一岁"[4]，这属于犯罪较轻的情况，仅仅需要戍边一年。对于犯罪较重者，其戍边的年限则更长一些。此外，活动于西域的商人，也是流动性较强的一个群体。

其二，从移入地区来看，汉代的移民主要集中在汉王朝开辟的屯田据点之中。据汉晋正史中的西域传及有关资料可知，武帝太初年间，在渠犁、轮台各有田卒数百人。昭帝元凤四年，又屯田轮台，并遣吏士 40 人屯田伊循城，都护治所屯田吏士当也不下 2000 人，东汉时期，"永平末，焉耆与龟兹共攻没都护陈睦、副校尉郭恂，杀吏士二千余人"[5]，当然被杀吏士中也可能有部分当地吏士，但西汉全盛时期的人数只会多于此数。在各屯田点中，以楼兰地区的人数最多，一度曾达到 15000 多人。[6] 除军屯外，尚有刑屯，宣帝地节二年(前 68)，

[1] [汉]班固：《汉书》卷七十《傅常郑甘陈段传》，北京：中华书局，1962 年，第 3029 页。

[2] 张德芳在《从悬泉汉简看两汉西域屯田及其意义》一文中对此类简牍进行了归纳，详见张德芳：《从悬泉汉简看两汉西域屯田及其意义》，《敦煌研究》2002 年第 3 期，第 114 页。

[3] 敦煌出土汉简对此有明确记录，参见林梅村、李均明编：《疏勒河流域出土汉简》，北京：文物出版社，1984 年。

[4] 胡平生、张德芳编撰：《敦煌悬泉汉简释粹》，上海：上海古籍出版社，2001 年，第 11 页，Ⅱ0114：54。

[5] [南朝宋]范晔：《后汉书》卷八十八《西域传》，北京：中华书局，1965 年，第 2928 页。

[6] 马国荣：《谈谈汉代西域的屯田》，《西域史论丛》(第一辑)，乌鲁木齐：新疆人民出版社，1985 年，第 130—148 页。

曾遣侍郎郑吉等将免刑罪人屯田渠犁积谷击车师;同时征募一般贫民及身份略高的人,即所谓应募士进行屯田。由于上述各类屯田人员中多有携带家属私从者,故西汉末年,随着屯垦区的扩大,这部分人口增长较快。故当建国二年(10)陈良叛乱时,所挟掠的人口竟达两千余人。[1] 经两汉之际的混乱后,至东汉光武初年,西域尚有都护吏士的亲属及其子女1000人托庇于莎车王。[2]

其三,汉代向西域地区的移民,多具有非自主性的特点。汉代对西域移民,主要是出于政治和军事目的,并非单纯的经济措施,且西域生存、生活条件和政治地位远不如中原地区。生活习俗、人情世故多与华夏迥异,《汉书》和《后汉书》中屡次把驻扎西域的官吏称为"领外国""在外国三十余年",班超这样雄才大略的人物,到老给皇帝上书的时候,竟然在忧惧自己如果老死于西域的汉人屯部,会被称为"没西域",发出"臣不敢望到酒泉郡,但愿生入玉门关"[3]的感慨。班超的言论代表了汉朝驻西域人员百年来的基本心态,除少数永久留居当地通婚生子外,他们中的绝大多数最终还是要落叶归根的。汉人的这种浓厚的乡土情结的存在,若非没有迫不得已的苦衷,极少会有人对移民西域这片"外国"之地产生兴趣。因此,移居西域的汉人,多带有被迫迁移和强制迁移的特点。班超对继任都护任尚论及西域的士卒时强调:"塞外吏士,本非孝子顺孙,皆以罪过徙补边屯。"[4]这说明西域的吏士,多为抵罪之人,也从侧面反映了其迁移的非自主性。

三、外来人口对西域社会的影响

汉代在西域地区的屯田移民对当地民众与社会产生了深远影响,主要表现在以下几个方面。

(一)改善了西域地区的社会经济,促使当地民族人口数量增多及家庭结构发生改变。汉代西域土著民族人口数量的增长,是由两个方面的因素决定的。其一,两汉王朝在西域积极开展屯田事业,不仅推动了当地经济的发展,而且将中原地区先进的农业技术带入西域,为人口的快速增长奠定了物质基础,人口

---

[1] [汉]班固:《汉书》卷九十六下《西域传》,北京:中华书局,1965年,第3926页。

[2] [南朝宋]范晔:《后汉书》卷八十八《西域传》,北京:中华书局,1965年,第2923页。

[3] [南朝宋]范晔:《后汉书》卷四十七《班梁列传》,北京:中华书局,1965年,第1583页。

[4] [南朝宋]范晔:《后汉书》卷四十七《班梁列传》,北京:中华书局,1965年,第1586页。

的自然增长速度加快。其二，两汉王朝在取得对西域的主导权之后，在当地实施较为温和的民族政策和统治措施，使西域地区在相当长的时期内维持了繁荣稳定的局面，相对稳定的社会环境也为当地人口的增长创造了有利条件。

两汉中央王朝对西域诸国的人口统计十分关心，《史记·大宛列传》《汉书·西域传》和《后汉书·西域传》都或详或略地记载了两汉西域诸国的户数与人口情况，今根据所记，表列其数字如下。

表 2.1　两汉西域诸国的户数与人口情况表

	时代					
	西汉			东汉		
国别	人口	户数	户均人口	人口	户数	户均人口
于寘(阗)国	19300	3300	5.848	83000	32000	2.594
西夜国	4000	350	11.429	10000 余	2500	约 2.594
疏勒国	18647	1510	12.349	21000	不详	不详
焉耆国	32100	4000	8.025	52000	15000	3.467
蒲类国	2032	325	6.252	2000 余	800 余	约 2.500
东且弥国	1948	191	10.199	5000 余	3000 余	约 1.667
车师前国	6050	700	8.643	4000 余	1500 余	约 2.667
车师后国	4774	595	8.024	15000 余	4000 余	约 3.750

通过表格中的数据对比可以发现，从西汉到东汉短短百余年间，西域绿洲诸国的人口呈爆炸式增长，如于寘人口从 19300 人增加到 83000 人，增长了三倍，户口由 3300 户增加到 32000 户，增长了八倍；西夜人口从 4000 人增加到 10000 余人，增加了一倍，户口由 350 户增加到 2500 户，增长了六倍；焉耆人口从 32100 人增加到 52000 人，增长了一倍，户口由 4000 户增加到15000户，增长了两倍；东且弥国人口从 1948 人增加到 5000 余人，增长了一倍，户口由 191 户增加到 3000 余户，增长了十余倍；车师前、后二国合计，人口从 10824 人增加到 19000 余人，增长了近一倍，户口由 1295 户增加到 5500 余户，增加了三倍。而据荷兰汉学家许理和(E.Zurcher)的推断，“前工业时代，这样的人口爆炸只有在

农业生产大幅度提高的条件下才有可能”[1],而对于西域绿洲诸国来说,依赖有限的水源从事生产的农业要有大幅度提高,就必须引进高超的农业技术、先进的储水方法和灌溉措施以扩大耕地面积与单位产量。显然,中原的密集型灌溉农业的引进在这一过程中起了决定性的作用。

此外,值得注意的是,就数字记载的“户均人口”来看,东汉西域诸国户均人口数显然较西汉为少,这一方面说明东汉时期西域诸国家庭有变小的趋势,另一方面则说明先进的农耕技术的推广大大加速了西域绿洲诸国生产力的提高,从而改变了当地的家庭结构。

(二)汉人人口分布范围扩大,人口分布面貌发生改变。早在张骞通西域之后不久,便有大量的汉人使团和商队进入西域,据《史记·大宛列传》的记载,当时“天子好宛马,使者相望于道。诸使外国一辈大者数百,少者百余人……汉率一岁中使多者十余,少者五六辈,远者八九岁,近者数岁而反”[2]。由于此时西域尚处于匈奴的控制之下,在匈奴的唆使下,西域诸国劫杀汉使的事件时有发生,加之通西域道路也处于没有驿置等官道设施的原生状态。面对这样恶劣的处境,这些使团多有成员流亡落居于当地者。同时,西汉政府为了争夺西域,曾多次对西域用兵,尤以李广利远征大宛的规模为最。据贾丛江统计,李广利两次征伐大宛,所用总兵力前后累计不下 10 余万人,而人员损失却高达 6.6 万~8.96万人。[3] 察此役,除最后围攻王城外,并无大规模的战役,造成人员损失的原因,不在于战斗性减员,主要是路远、缺粮和不恤士卒等造成的非战斗性减员,而《史记》《汉书》用“饥罢”“物故”来表示伐宛中的人员损失,无疑暗示了这些减员除了死亡之外尚有大量逃亡者的存在。这些流亡的使者和士卒构成了西域地区最早的汉人移民,零星分布于西域各地,甚至包括大宛以西的地方,如《汉书·张骞李广利传》就有大宛王城中“新得汉人知穿井”[4]的记载,同书《西域传》记载:“自宛以西至安息国……不知铸铁器。及汉使亡卒降,教铸作它

[1] E.Zurcher:Han Buddhism and the Western Region,Thought and Law in Qin and Han China,Leiden,1990;转引自余太山主编《西域文化史》,北京:中国友谊出版公司,1996 年,第 89—90 页。

[2] [汉]司马迁:《史记(修订本)》卷一百二十三《大宛列传》,北京:中华书局,2014 年,第 3170 页。

[3] 贾丛江:《关于西汉时期西域汉人的几个问题》,《西域研究》2004 年第 4 期,第 2 页。

[4] [汉]班固:《汉书》卷六十一《张骞李广利传》,北京:中华书局,1962 年,第 2702 页。

兵器。”[1]

在早期移居西域的汉人中，汉公主和亲所带来的随从占有很大的比例。武帝元封三年(前108)[2]，汉嫁细君公主于乌孙，随其出嫁的随从多达“数百人”，并且“北益广田至眩靁为塞”以辅弼之。其后不久的太初元年(前104)前后又嫁解忧公主，由于解忧与细君身份相同，随从人数也应相当可观。昭帝元凤四年(前77)，在汉匈双方对西域的争夺日趋激烈的背景下，为了安抚和控制地处西域门户的楼兰，赐其王尉屠耆“以宫女为夫人，备车骑、辎重，丞相将军率百官送至横门外”。这种礼遇之高，虽不能和王嫱之嫁匈奴同日而语，但赐以若干随从也是必然之举。此外，朝廷对和亲公主还常有赏赐，如宣帝元康元年(前65)朝廷赐给龟兹王夫人、解忧长女弟史“车骑、旗鼓、歌吹数十人”[3]。这些人大部分留在了西域，人数虽有限，但多服务于统治集团，对当地政治制度和文化习俗所造成的影响不可小视。

随着汉代在西域屯田的扩大，农业垦区也随之增多。据传世史料和考古发现，汉代不仅在靠近敦煌的楼兰和车师等地屯田，而且在西域的腹地也有大量农垦区的存在。如《史记·匈奴列传》记载，汉武帝元封年间(前110—前105)北益广田至乌孙眩靁为塞；《汉书·西域传下》记载汉宣帝甘露元年(前53)，长罗侯常惠将三校屯赤谷。同传还记载成帝时徙己校屯姑墨。而1959年在尼雅故址中，曾拾获“司禾府印”一枚。[4] 传世文献中并无“司禾府”的记录，但从其职名来看，当是与屯田相关无疑，说明在精绝，汉王朝也有过屯田之举。另据最新考古成果，在新疆塔里木盆地西北边缘图木舒克市北面古丝绸之路的荒漠中发现了大片汉代屯田及官署遗址群。此地在西汉时属莎车辖境，可见汉人的屯垦区已深入西域腹地。在农垦区增加的同时，汉人人口的分布范围也在不断扩大。这些进入西域的汉人除了前面所述的屯戍人员以外，还有一些自由迁入西域的平民，如前引悬泉汉简Ⅱ0115②：16记敦煌太守向西域都护和戊己校尉转发朝廷赦免诏书，要求将其写在“乡亭市里高显处，令亡人命者尽知之”，可见西域存在自由流动的人口。另黄文弼先生掘自罗布泊北岸土垠遗址的西汉简牍

[1] [汉]班固：《汉书》卷九十六上《西域传》，北京：中华书局，1962年，第3896页。

[2] 余太山：《两汉魏晋南北朝与西域关系史研究》，北京：商务印书馆，2011年，第19页。

[3] [汉]班固：《汉书》卷九十六下《西域传》，北京：中华书局，1962年，第3917页。

[4] 史树青：《说新疆民丰尼雅遗址》，《文物》1962年，第7—8期。

中，有这样的简文："庚戌旦出坐西传日出时三老来坐食归舍。"[1]这也说明西域都护的辖境内是存在乡里组织的，而乡里组织是"以有平民组成的聚落为前提的"[2]。

（三）西域地区内部各民族间人口流动迁徙增加，促进了民族间的政治与文化交融。由于汉代在西域的屯田，不仅开发了当地的经济，为中原王朝经营西域提供了物质保障，而且一定程度上巩固了西域的边防安全。特别是在西域都护和戊己校尉等职官建制之后，西域地区长时间维持了经济繁荣、社会政治稳定的局面，中西交通也有了必要的军事和政治及物质保障，人口流动更为频繁。在这些流动群体中，首先是来往于中原与西域的使团与商队。这一点在悬泉置出土的汉简中多有记录。

(1)以食使大宛车骑将军长史□

《悬简》(Ⅰ0112③:30)

(2)鸿嘉三年正月壬辰，遣守属田忠送自来鄯善王副使姑彘、山王副使乌不滕奉献诣行在所，为驾一乘传。敦煌长史充国行太守事、丞晏谓敦煌，为驾，当舍传舍、郡邸，如律令。六月辛酉西。

《悬简》(Ⅱ0214②:78)

(3)乌孙、莎车王使者四人，贵人十七，献橐佗六匹，阳赐记□(A)十九日薄(簿)至今不移，解何？(B)

《悬简》(Ⅰ0309③:30)

(4)建平五年十一月庚申，遣卒史赵平，送自来大宛使者侯陵奉献，诣□以……(A)乐哉县(悬)泉治。(B)

《悬简》(Ⅱ0114④:57)

(5)……送精绝王诸国客凡四百七十人。

《悬简》(Ⅱ0114④:114)

(6)出粟六升，以食守属高博送自来乌孙小昆弥使，再食，来。

《悬简》(Ⅰ0110②:33)

(7)出粟二斗四升，以食乌孙大昆弥使者三人，人再食，食四升，西。

《悬简》(Ⅴ1611③:118)

[1] 黄文弼：《罗布淖尔考古记》，中国西北科学院考察团丛刊之一，北平，1948年，第189页。

[2] 贾丛江：《关于西汉时期西域汉人的几个问题》，《西域研究》2004年第4期，第3页。

可见当时来往于西域的使节十分频繁，是流动人群的主要构成人员。另外，西域不会缺少汉人商贾的足迹，早在武帝时期就有使者“私县官赍物，欲贱市以私其利外国”[1]，此时恐怕早已为招摇出关的汉人商贾所取代。据《后汉书·班梁列传》记载，永元六年(94)秋，班超“发龟兹、鄯善等八国兵合七万人，及吏士贾客千四百人讨焉耆”[2]，显然在西域有大量的商贾存在。

在西域的流动人口中，质子是一个特殊的群体。“质子”即以人为质，又被称为“侍子”，所谓的“纳质称臣”“入质为侍”是也。“质子”制度在两汉边疆的少数民族地区实行得较为普遍，尤以西域地区为多。两汉王朝西域诸国之间质子关系的建立，是伴随着经济利诱和军事政治而完成的。《后汉书·西域传》谓之为：“自兵威之所肃服，财贿之所怀诱，莫不献方奇，纳爱质，露顶肘行，东向而朝天子。”[3]自武帝始，随着中原王朝对西域经略的深入，特别是在取得了对西域绝对的主导权之后，西域诸政权的王族子弟或出于应征，或出于自愿，纷纷以“侍子”的身份入汉，并长期留驻汉廷，执行宿卫等工作。林梅村就此指出：“汉武帝身边的胡人大多是以人质的身份送到长安的西域王子，时称‘西域质子’。”“随着汉帝国的扩张，长安城内的西域诸国质子与日俱增。”[4]两汉时期，尤其是西汉，西域诸国向汉纳质的很多，其具体数字虽无从考证，但可以肯定，最多时当包括都护辖境内的三十六国，且一些国家同时有好几个质子在汉的情况也应不在少数。东汉时期与西域的关系前后“三通三绝”，并不稳固。但每次与西域关系恢复之际，西域诸国都会积极遣送质子，通好于汉。

质子不同于使节和商旅，两汉对各族入侍质子，实行严格的轮流替换制度[5]，其去留均需汉王朝的批准，致使其留驻汉地的时间远较前两者为长，鄯善王尉屠耆即位前自称“身在汉久”[6]；甚至有任职于汉者，如杆弥质子赖丹在汉为质多年，竟被任为校尉，将军田轮台[7]；亦不乏终身留居汉地者，如前引

---

[1] [汉]司马迁：《史记(修订本)》卷一百二十三《大宛列传》，北京：中华书局，2014年，第3894页。

[2] [南朝宋]范晔：《后汉书》卷四十七《班梁列传》，北京：中华书局，1965年，第1581页。

[3] [南朝宋]范晔：《后汉书》卷八十八《西域传》，北京：中华书局，1965年，第2931页。

[4] 林梅村：《古道西风——考古新发现所见中西文化交流》，北京：生活·读书·新知三联书店，2000年，第173页。

[5] 陈金生、王希隆：《两汉边政中的质子述评》，《中国边疆史地研究》2008年第2期。

[6] [宋]司马光：《资治通鉴》卷二十三《汉纪十五》，北京：中华书局，1956年，第773页。

[7] [宋]司马光：《资治通鉴》卷二十三《汉纪十五》，北京：中华书局，1956年，第771页。

《梁书》卷十八《康绚传》载其祖先即为康居侍子，后来留在了汉地，便以康为姓。[1] 这些质子长期留居汉地，接受汉文化的熏陶，回国后成为汉文化的积极倡导者。由于这些质子多出身于王族或贵族世家，一些质子甚至因汉的扶植而登基为王，如楼兰质子尉屠耆、龟兹质子白霸等。因此，他们对本民族的影响和号召力十分巨大，他们的言行举动，都会引起国人的极大关注，如龟兹王绛宾"乐汉衣服制度"，亲自访问长安，回国后仿照汉礼进行改革，开一代风气之先，龟兹也因此成为西域地区最早接受汉文化的地区。[2] 两汉之际的莎车王延"长于京师，慕乐中国，亦复参其典法"[3]。回国后，"模仿汉朝制度在莎车国建立了一套中原官仪"[4]。东汉时期龟兹质子白霸，长期生活于内地，对汉文化有很深的了解，后被班超拥立为龟兹国王，白霸归国后积极推行改革，尤其"在文化、艺术、法律诸方面，注意吸取外来文化，以提高本国人民的素质"[5]。这些汉化改革，对当事国乃至整个西域都产生了深远的影响。一方面，传播了中原先进的文化，大大改善了西域地区的文化面貌；另一方面，随着西域诸国汉化的深入，逐渐产生了内向之心，为汉王朝推行各种政令、发展生产、传播汉族文化等奠定了民众基础，更有效地促进了民族间的融合与团结。

在这些迁徙的人群中，还有相当数量自由迁徙的平民，这些平民除了前文提到的汉人移民外，还包括当地人口的迁徙，如：

(8)归义大月氏贵人一人，贵人□一人，男一人。自来龟兹王使者二人，□□三人，凡八人。

《悬简》(Ⅰ91DXT0309③:98)

(9)降归义乌孙女子，复帬献驴一匹骍牡，两抾齿□岁，封颈以敦煌王都尉章　　《敦简》(1906)

归义是汉王朝对边疆民族归顺的一种特定称谓。以上两简反映的正是大月氏、乌孙等西域诸国归义到汉地的情况，丰富了我们对汉代西域人口流动的认识。葛剑雄在谈及汉王朝内地与西域间的人口流动时指出："西域向内地的迁徙，历史文献中缺乏明确的记载，仅能从片言只语中推测。"并进而认为："西域各国在长安常有使者、质子，但一般都是临时居留，出使的汉人与汉军也可能

[1] [唐]姚思廉：《梁书》卷十八《康绚传》，北京：中华书局，1973年，第290页。

[2] 薛宗正：《佛国古韵——龟兹》，昆明：云南人民出版社，2002年，第9页。

[3] [南朝宋]范晔：《后汉书》卷八十八《西域传》，北京：中华书局，1965年，第2923页。

[4] 杨建新：《中国西北少数民族史》，银川：宁夏人民出版社，1988年，第151页。

[5] 刘锡淦、陈良伟：《龟兹古国史》，乌鲁木齐：新疆大学出版社，1992年，第60页。

带回一些西域人，但未见具体材料。”[1]从某种程度上说，上面所列举的这些简文恰恰填补了这一空白，证明当时确实有自西域向内地迁徙者。

除了这些自由迁徙者外，还有一些迁徙是在汉政府的统一安排下进行的，如地节三年（前 67），侍郎郑吉、校尉司马憙进攻车师，车师王乌贵降汉。但在汉军退回渠犁后，匈奴派遣大军报复车师，车师王在惊恐之下轻骑逃亡乌孙，郑吉“迎其妻子置渠犁”。元康四年（前 62），汉军召回在焉耆的故车师太子军宿，立之为车师王，尽徙车师国民于渠犁。在汉朝的军事打击下，一些匈奴王公也率部归顺汉朝，被汉朝安置在西域地界内。元帝时（前 75—前 33），匈奴东蒲类王兹力支率领其部众 1700 余人归降西域都护，都护乃分车师后王之西为乌贪訾离地安置降者。[2]

综上所述，汉代在西域以屯田为主要目标的人口迁徙，一方面发展了当地的农业经济，维护了社会的安定与繁荣；另一方面，促进了西域地区民族人口的发展变化。尤其是随着屯田的深入，大批汉族将士和家属，及刑徒进入西域，汉人的活动足迹开始遍及西域各地，不仅改变了西域地区原有的民族分布格局，拉开了汉族迁徙西域的序幕，而且，大批汉人的到来，也为西域民族社会的发展注入新鲜的血液和强劲的动力。汉族与西域各民族之间的融合与交流，在推动当地经济文化发展的同时，也促进了西域与内地之间的经济文化交流，中原王朝的先进技术和文化使西域各族萌生了强烈的向心力，对汉代西域的政局稳定和西部疆域的形成产生了积极影响。

---

[1] 葛剑雄：《西汉人口地理》，北京：人民出版社，1986 年，第 186 页。

[2] [汉]班固：《汉书》卷九十六下《西域传》，北京：中华书局，1962 年，第 3874 页。

第三章　两汉西域边防体系选论

西域本为匈奴势力范围，且地近匈奴，匈奴在西域拥有绝对的地缘优势，西域也多有亲匈奴的势力。而对两汉王朝的安全而言，西域不仅有着地缘战略重要性，而且是一个最薄弱环节。只有有效控制西域，才能遏制匈奴势力的入侵，维护两汉王朝西北边疆的稳定。基于此，两汉王朝十分重视西域地方的军事与边防建设，本章便重点针对汉代西域地方军事管理制度、边防武装力量的构成及两汉王朝对西域的征伐与各藩属政权的关系调整三个问题做具体分析。

第一节　汉代西域地方军事管理制度

西域地区作为汉廷西北重要的战略缓冲区，对维护西北边疆的稳定与国防安全有着重要的意义。西域特殊的自然与地理条件，决定了其军事管理制度与其他边郡有着诸多不同。较之边郡太守，西域都护拥有更大的军事权威，并且领有完善的军事管理体系，其军事管理机构也具有明显的地方性特点。

一、西域都护的军权

西域都护是汉王朝设于西域地区的最高军政长官，在军事领导体系中，地位最高，权力最大，统领西域军事力量，掌握域内最高军权。集中表现在三个方面。

（一）对西域诸羁縻政权负有协调关系、通报边情的责任

西域都护设置的最主要目的便是领属屯田校尉，护国护道[1]，督察乌孙、

[1] 李大龙：《都护制度研究》，哈尔滨：黑龙江教育出版社，2003 年，第 50—51 页。

康居诸外国动静，“有变以闻，可安辑，安辑之；可击，击之”[1]。自神爵三年（前59）西域都护开府施政以来，历代都护均以此为务。如甘露元年（前53），狂王为乌孙昆弥，与解忧公主不和，公主与汉使卫司马魏和意、副侯任昌谋诛狂王。事败后，公主与汉使被狂王子细沈瘦围困于赤谷城，都护郑吉发诸国兵解围，其后又遣冯嫽说降乌就屠，立元贵靡为大昆弥，乌就屠为小昆弥。[2] 甘露三年（前51），都护韩宣奏请赐予乌孙大吏、大禄、大监金印紫绶，以辅弼大昆弥。[3] 段会宗任都护期间，因大昆弥星靡“怯弱”，为其“招还亡畔，安定之”[4]。建始二年（前31），小昆弥乌就屠死。子拊离代立，为弟日贰所杀。汉遣使者立拊离子安日为小昆弥。日贰亡，阻康居。汉徙己校屯姑墨，欲候便讨焉。安日使贵人姑莫匿等三人诈亡从日贰，刺杀之。都护褒廉赐姑莫匿等金人二十斤，缯三百匹。[5] 平帝元始年间（3—4），“两昆弥皆弱，卑爰疐侵陵，都护孙建袭杀之”[6]。以上诸事例表明，西域都护的主要军事职责在于通报边情，协调域内诸国的关系，以达到维护西域社会的稳定与丝路交通畅通的目的。

（二）对汉王朝驻西域军队的统率指挥

一是负责地方军队的组建、管理、训练、考核。据《汉书·西域传上》“屯田校尉始属都护”的记载来看，作为西域驻军主力的屯田士卒，统一归于西域都护的节制。屯田既归都护节制，则可以推断西域都护对屯田之士卒必然负有管理与考核之责。战时则由都护亲掌军队的组建与整顿，如西域都护甘延寿伐郅支单于时，曾“益置扬威、白虎、合骑之校”[7]，可以看出在战时，并非按照平时的军事编制，往往由都护根据战时的实际情况，酌情进行重新编组与整顿。

二是执行皇帝战时发兵命令，调遣地方军队出征，保证西域边防安全。如天凤三年（16），焉耆叛乱，“遣五威将王骏、西域都护李崇将戊己校尉出西域”[8]。延平元年（105），“拜（梁慬）西域副校尉……诏慬将河西四郡羌胡五千

[1] [汉]班固：《汉书》卷九十六上《西域传》，北京：中华书局，1962 年，第 3873—3874 页。
[2] [汉]班固：《汉书》卷九十六下《西域传》，北京：中华书局，1962 年，第 3906—3907 页。
[3] [汉]班固：《汉书》卷九十六下《西域传》，北京：中华书局，1962 年，第 3908 页。
[4] [汉]班固：《汉书》卷九十六下《西域传》，北京：中华书局，1962 年，第 3908 页。
[5] [汉]班固：《汉书》卷九十六下《西域传》，北京：中华书局，1962 年，第 3908 页。
[6] [汉]班固：《汉书》卷九十六下《西域传》，北京：中华书局，1962 年，第 3910 页。
[7] [汉]班固：《汉书》卷七十《傅常郑甘陈段传》，北京：中华书局，1962 年，第 3012 页。
[8] [汉]班固：《汉书》卷九十六下《西域传》，北京：中华书局，1962 年，第 3927 页。

骑驰赴之”[1]。可见，奉命征讨西域不臣之国，是西域都护及其副贰西域副校尉的主要职责之一。

三是西域地区发生战事，事缓则请命率军平息；事急则无须皇帝虎符、军令，可先机发兵迎战，以确保和维持地方安全为务。如西域都护段会宗“为乌孙兵所围，驿骑上书，愿发城郭敦煌兵以自救。丞相王商、大将军王凤及百僚数日不决”[2]。这个例证说明西域都护在遇有重大事件时，需先请示中央，然后采取行动。由于西域地理偏远，信息往来不便，汉中央很难及时做出判断，因此西域都护往往不及奏明中央即自行处理。如建昭三年(前36)，流窜至康居的匈奴郅支单于屡屡侵扰乌孙，西域都护甘延寿、副校尉陈汤矫制发戊己校尉屯田兵及诸国兵伐郅支单于。[3] 西域都护甘延寿及副校尉陈汤没有奏明朝廷即“矫制”发兵诛杀郅支单于，在事成论功行赏之际虽受到诸般非议，但终为朝廷所赞许。其后，都护孙建袭杀乌孙卑爰疐；都护但钦诛斩车师后王须置离；东汉永元六年(94)，西域都护班超，“发龟兹、鄯善等八国兵合七万人，及吏士贾客千四百人讨焉耆”[4]等诸多事例，均表明汉廷在一定程度上赋予了西域都护独断西域军国事务的权力。

(三)对西域内属诸国军队的征调

汉王朝既为西域内属诸国政治上的共主，则西域都护作为汉王朝派往西域的最高军政长官，自然也是诸国军队的最高统帅，有权征调诸国的军队。两汉王朝对西域诸国军事力量的掌控，主要是通过以下两个方面实现的。

一是建立“册封”制度。随着汉代西域都护府的设立，已归附于汉朝的西域各地诸侯王国都成为西域都护府辖下的地方基层组织，其组织形式和名称基本上保持原状。西域都护通过授予诸地酋长首领印绶来行使对西域的管辖，据《汉书·西域传》记载，西汉后期，西域“最凡国五十。自译长、城长、君、监、吏、大禄、百长、千长、都尉、且渠、当户、将、相至侯、王，皆佩汉印绶”[5]。即西域基层各级官吏，由西域都护府提议，报请中央政府批准，被汉朝册封，授“节传”，赐印绶，以管理地方。与行政官员相似，西域诸国的军事长官也多由汉朝中央册封，受西域都护节制。

---

[1] [南朝宋]范晔：《后汉书》卷四十七《班梁列传》，北京：中华书局，1965年，第1591页。

[2] [汉]班固：《汉书》卷七十《傅常郑甘陈段传》，北京：中华书局，1962年，第3022页。

[3] [汉]班固：《汉书》卷七十《傅常郑甘陈段传》，北京：中华书局，1962年，第3012页。

[4] [南朝宋]范晔：《后汉书》卷四十七《班梁列传》，北京：中华书局，1965年，第1582页。

[5] [汉]班固：《汉书》卷九十六下《西域传》，北京：中华书局，1962年，第3928页。

二是调发诸国军队出战，或命诸国军队随都护出征。如征和四年（前 89），“遣重合侯马通将四万骑击匈奴，道过车师北，复遣开陵侯将楼兰、尉犁、危须凡六国兵别击车师，勿令得遮重合侯”[1]；本始三年（前 71），“遣校尉常惠使持节护乌孙兵，昆弥自将翕侯以下五万骑从西方入”[2]；本始四年（前 70），“长罗侯常惠使乌孙还，便宜发诸国兵，合五万人攻龟兹”[3]；地节二年（前 68），“至秋收谷，（郑）吉、（司马）憙发城郭诸国兵万余人，自与所将田士千五百人共击车师”[4]；元康元年（前 65），“莎车王弟呼屠徵杀万年，并杀汉使者，自立为王，约诸国背汉。会卫候冯奉世使送大宛客，即以便宜发诸国兵击杀之，更立它昆弟子为莎车王”[5]；神爵二年（前 60），“（郑）吉发渠犁、龟兹诸国五万人迎日逐王”[6]；建昭三年（前 36），西域都护甘延寿、副校尉陈汤“矫制发城郭诸国兵”诛郅支[7]；天凤三年（16），“（王）骏等将莎车、龟兹兵七千余人，分为数部入焉耆”[8]。从以上事例可以看出，早在西域都护开府之前，西汉王朝便多次征调西域诸国军队，征讨西域诸不臣之国。都护建立后，西域战事渐少，但每遇战事，仍多征调诸国军队从征。

东汉以降，汉廷更是将“以夷制夷”作为治理西域的主要手段，在西域的军事行动更多依赖当地的势力，对西域诸国兵士的征调更为频繁。如建初三年（78），“（班）超率疏勒、康居、于寘、拘弥兵一万人攻姑墨石城”；元和元年（84），班超“发疏勒、于寘兵击莎车”；章和元年（87），班超“发于寘诸国兵二万五千人，复击莎车”；永元六年（94），班超“发龟兹、鄯善等八国兵合七万人，及吏士贾客千四百人讨焉耆”；延光四年（125），“（班）勇发敦煌、张掖、酒泉六千骑及鄯善、疏勒、车师前部兵击后部王军就”；永建二年（127），班勇“发诸国兵四万余人，分骑为两道击之（焉耆）”[9]。这种状态一直持续到东汉晚期，阳嘉元年（132），

[1] [汉]班固：《汉书》卷九十六下《西域传》，北京：中华书局，1962 年，第 3922 页。

[2] [汉]班固：《汉书》卷九十六下《西域传》，北京：中华书局，1962 年，第 3905 页。

[3] [汉]班固：《汉书》卷九十六下《西域传》，北京：中华书局，1962 年，第 3916 页。

[4] [汉]班固：《汉书》卷九十六下《西域传》，北京：中华书局，1962 年，第 3922 页。

[5] [汉]班固：《汉书》卷九十六上《西域传》，北京：中华书局，1962 年，第 3898 页。

[6] [汉]班固：《汉书》卷七十《傅常郑甘陈段传》，北京：中华书局，1962 年，第 3006 页。

[7] [汉]班固：《汉书》卷七十《傅常郑甘陈段传》，北京：中华书局，1962 年，第 3010—3014 页。

[8] [汉]班固：《汉书》卷九十六下《西域传》，北京：中华书局，1962 年，第 3927 页。

[9] [南朝宋]范晔：《后汉书》卷四十七《班梁列传》，北京：中华书局，1965 年，第 1575、1579、1580、1582、1589、1590 页。

“(敦煌太守)徐由遣疏勒王臣磐发二万人击于寘”[1];建宁三年(170),“凉州刺史孟佗遣从事任涉将敦煌兵五百人,与戊司马曹宽、西域长史张晏,将焉耆、龟兹、车师前后部,合三万余人,讨疏勒”[2]。可见,东汉王朝在西域的数次用兵,其主力均为西域诸国军,诸国军队成为东汉在西域可征调的最重要军事力量。

二、西域都护属下的军事领导集团

由前文论述可知,西域都护为西域边防主帅,西域的军政事务及其一应要务均由其主管,特别是西域的防务与营田事业,唯都护全权负责。其前身是武帝时于西域所置使者校尉,领护屯田及边事。宣帝时正式设置西域都护。作为汉朝设置于西域的最高军政机构,两汉王朝为西域都护设置了较为完整的军政管理体系。其属官,据《汉书·百官公卿表》记载,有副校尉、丞和司马、候、千人等属官[3],东汉时置时废,后为西域长史所替代。

(一)西域都护的属官

西域长史,该职位的建置未见于《百官公卿表》的记载,可知,西域都护初设时,并没有设置长史,长史的设置很可能是为了适应都护在西域职权的增加与处理事务不断增多的需要。关于西汉时期西域长史的建置情况史无明载,据申超研究,“西域长史最初作为西域都护的属官之一,可能更多是从辅助西域都护处理都护府内外事务的角度发挥作用,以便提高行政效率”[4]。东汉以后,西域长史开始发挥更为重要的作用,并逐步发展成为独立的官僚机构,具有独立处理军务、屯驻、招抚西域等职能[5],进而取代西域都护,成为西域地区的最高军政长官。

西域副校尉,作为西域都护的副贰,秩比二千石,与都护相拟[6],由中央任免,其职责除辅佐都护处理西域军政事务之外,更多地偏重于军事职权。一是

[1] [南朝宋]范晔:《后汉书》卷八十八《西域传》,北京:中华书局,1965年,第2915页。

[2] [南朝宋]范晔:《后汉书》卷八十八《西域传》,北京:中华书局,1965年,第2927页。

[3] [汉]班固:《汉书》卷十九上《百官公卿表》,北京:中华书局,1962年,第738页。

[4] 申超:《汉代西域长史略论》,《中国边疆史地研究》2015年第1期,第51页。

[5] 申超:《汉代西域长史略论》,《中国边疆史地研究》2015年第1期,第53—54页。

[6] 据《汉书》记载,副校尉陈汤曾按剑怒斥都护甘延寿为“竖子”,可见副校尉的地位当与都护相拟。见《汉书》卷七十《傅常郑甘陈段传》,[汉]班固著,北京:中华书局,1962年,第3010页。

持节驻于西域,遇有紧急军情,无须等待朝廷的指令,可先机发兵迎战。如前引西域副校尉陈汤"矫制"发诸国兵与屯田吏士诛杀匈奴郅支单于即是其例。二是领兵屯驻敦煌,负有监视西域边情、协调汉与西域关系之责。如元初六年(119),邓太后令置护西域副校尉,居敦煌,领营兵300人,羁縻西域。[1]当时由于东汉王朝未在西域设置都护,因而在敦煌郡设立西域副校尉,领兵驻屯边境,示西域以羁縻之意。三是率领兵马支援西域,维护西域统治秩序的稳定。如延平元年(105),西域诸国叛乱,朝廷拜梁慬为西域副校尉,"将河西四郡羌胡五千骑驰赴之"[2]。可见,当西域有事时,朝廷往往会任命副校尉,领兵驰援西域。

副校尉以下,又设有丞、司马、候等属吏,《通典》卷三十六《职官十八》载:西域都护丞、司马、候均为"比六百石"的官员[3],在协助都护处理西域军政事务方面发挥了重要作用,如平帝元始年间(1—5),戊己校尉徐普欲在车师后国开辟新道,其王姑句以为不便加以拒绝,徐普因以"系之"。姑句妻劝其投降匈奴,认为"前车师前王为都护司马所杀,今久系必死,不如降匈奴"[4]。王莽时,匈奴遣兵"寇击车师,杀后城长,伤都护司马"[5]。可见,都护司马经常参与西域军政管理事务,并在抵御匈奴侵扰的行动中做出了牺牲。

(二)西域都护的从属机构

1.屯田管理机构

两汉在西域的屯田,既是为了解决粮食供应问题,也是维持西域稳定所需军事力量而采取的重要措施。汉王朝在西域的屯田,始于李广利伐大宛之后,《汉书》卷七十《傅常郑甘陈段传》载:"李广利征伐之后,初置校尉,屯田渠犁。"[6]其后,屯田规模日渐扩大,屯田区遍布伊犁河谷、渠犁、轮台、比胥鞬、焉耆、姑墨、车师、伊循、楼兰、伊吾等地。这些屯田多为军屯,其从属的屯田士卒一般以校为单位,由校尉统率,故被称为屯田校尉。如西汉时郑吉曾将三校屯田渠犁,常惠亦曾将三校屯田赤谷。随着西域都护的设置,这些屯田校尉开始

---

[1] [南朝宋]范晔:《后汉书》卷八十八《西域传》,北京:中华书局,1965年,第2911页。
[2] [南朝宋]范晔:《后汉书》卷四十七《班梁列传》,北京:中华书局,1965年,第1591页。
[3] 李大龙:《都护制度研究》,哈尔滨:黑龙江教育出版社,2003年,第54页。
[4] [汉]班固:《汉书》卷九十六下《西域传》,北京:中华书局,1962年,第3924页。
[5] [汉]班固:《汉书》卷九十六下《西域传》,北京:中华书局,1962年,第3926页。
[6] [汉]班固:《汉书》卷七十《傅常郑甘陈段传》,北京:中华书局,1962年,第3005页。

成为都护的从属机构，其所率领的屯田士卒也成为维护西域稳定的一支重要力量。[1]

随着汉代西域屯田重心的北移，元帝初元元年（前 48）置戊己校尉管理车师前部的屯田。关于戊己校尉的组织结构，王素在《高昌戊己校尉的组织——高昌戊己校尉系列研究之二》一文中给予了详细的阐述，今兹将戊己校尉组织结构图表列如下[2]。

- 戊己校尉
  - 戊校尉——史—司马—丞（戊校、戊部、左部）
    - 左部—曲候（前后左右中）—丞—令史—士
    - 右部—曲候（前后左右中）—丞—令史—士
    - 兵曹掾史
  - 史（即长史）——司马——丞（二人）
  - 己校尉——史—司马—丞（己校、己部、右部）
    - 兵曹掾史
    - 左部—曲候（前后左右中）—丞—令史—士
    - 右部—曲候（前后左右中）—丞—令史—士

可见戊己校尉具备完整复杂的行政组织结构，同时，戊己校尉本身作为秩比两千石的地方大员，由中央直接任命，其属吏，如丞、司马等均为“比六百石”的官员，与西域都护所属丞、司马等属官品秩相同。因此，戊己校尉虽属屯田校尉，受都护节制，但却拥有相对独立的职权，没有皇帝授命，虽都护亦不可轻易调发戊己校尉及其属下的屯田士卒。如前引陈汤“矫制”发诸国兵与戊己校尉屯田吏士伐诛匈奴郅支单于事件，事后陈汤长时间不得封侯，其最重要的原因便是未经朝廷许可而擅自调动戊己校尉的军队。都护段会宗也曾因擅发戊己校尉兵，与汉使迎降康居太子保苏匿一事，有诏赎论。[3]

戊己校尉既有完整的行政组织结构，其职能除了管理车师地区的屯田事务外，往往利用其地利之便，插手管理车师前部和后部的一些事务，如前引《汉书》卷九十六下《西域传》的记载，元始中，戊己校尉徐普欲开车师新道。“车师后王姑句以道当为拄置，心不便也。地又颇与匈奴南将军地接，曾欲分明其界然后奏之，召姑句使证之，不肯，系之。姑句数以牛羊赇吏，求出不得。姑句家矛端生火，其妻股紫陬谓姑句曰：‘矛端生火，此兵气也，利以用兵。前车师前王为都护司马所杀，今久系必死，不如降匈奴。’即驰突出高昌壁，入匈奴。”[4]但戊己

[1] 李大龙：《都护制度研究》，哈尔滨：黑龙江教育出版社，2003 年，第 56 页。

[2] 王素：《高昌戊己校尉的组织——高昌戊己校尉系列研究之二》，《中国历史文物》，2005 年第 4 期，第 68 页。

[3] [汉]班固：《汉书》卷七十《傅常郑甘陈段传》，北京：中华书局，1962 年，第 3030 页。

[4] [汉]班固：《汉书》卷九十六下《西域传》，北京：中华书局，1962 年，第 3924 页。

校尉并没有参与其他西域事务的记载，且如前文所述，对于车师地区的诸多事务，也往往由都护派员处理，因此，戊己校尉的主要职权仍以管理屯田、防御匈奴为主。

2.内属西域诸政权

汉王朝在统一西域后，对内属的诸政权，一方面遵其旧俗，保留其原有的统治体系；另一方面，册封其官职，授其"印绶"，将其纳入中原统治体系，使其成为汉朝的地方官员。据《汉书》卷九十六上《西域传》记载，西域"自译长、城长、君、监、吏、大禄、百长、千长、都尉、且渠、当户、将、相至侯、王，皆佩汉印绶"[1]。同传又载："都护韩宣曾奏请赐予乌孙大吏、大禄、大监等一类高官以金印紫绶，以其辅弼大昆弥。"[2]可见，西域诸国的官员具有双重身份，既是当地各民族职权的首领，又是汉王朝的官吏，归都护管辖，其旧有的管理体系亦转化为汉朝对西域地区实施统治的最基层组织。相应的，其原有的军事管理组织亦是汉王朝在西域地区的基层组织，诸国原有的军事力量成为汉王朝在西域的主要军事力量。

三、西域军事管理机构的特点

西域，由于其所处地理偏远，域内政治局势与民族构成十分复杂，汉代在西域的军政机构建置，较之内地有很大的差异，具有明显的地域特色。就两汉在西域设置的军事管理机构而言，主要有以下三方面的特点。

(一)兵权散主

汉承秦制，皇帝作为最高军事统帅，拥有全国最高军权。皇帝之下，从中央到地方，军事机构及其僚属则"兵权散主"，以便于加强皇帝对军权的控制。在西域亦不例外，西域都护作为西域最高军政长官，其下置副校尉，作为都护的副手，主理军事事务。其后，又置西域长史，辅佐都护执掌兵马，至东汉安帝延光(122—125)后，西域长史取代西域都护，成为西域地区最高军政长官。西域都护虽掌管西域的军事行政，但并无发兵与统兵之权。如前引西域都护甘延寿与副校尉陈汤没有上奏朝廷即"矫制"发兵诛灭郅支单于，虽立有大功，却为朝中公卿非议，几至获罪；西域都护段会宗被乌孙所围，"驿骑上书，愿发城郭敦煌兵

[1] [汉]班固：《汉书》卷九十六下《西域传》，北京：中华书局，1962年，第3928页。

[2] [汉]班固：《汉书》卷九十六下《西域传》，北京：中华书局，1962年，第3908页。

以自救”。这两个事例说明，西域都护并无发兵权，只有奏明朝廷后方可发兵。但西域毕竟远离中央，且西域政局多变，因此西域都护多有自行发兵者。同时，西域都护亦无统兵之权，西域地区的屯田兵平时由戊己校尉管理，西域诸属国兵则由诸国自行管理，战时奉命随同西域都护或汉廷所遣使者、将领出征。另外，西域都护还要受到中央北军中垒校尉与敦煌太守的节制，因其基层军事官长均来自北军，在人事管理与隶属关系上，要受到北军节制，与都护形成双重管理体系。敦煌郡亦利用其地利之便，对西域军务多有干涉。这样发兵权与领兵权分离，中央与地方上下相维，都护与副校尉相制衡，同时又给予了都护相对独立的军事行政权，可以有效实现中央对西域的控制。

（二）屯戍结合的管理制度

汉代西域驻军的主力是屯田兵，平时务农积谷，战时奉命出征，既是西域的边防主力，又是屯田的主要劳动力。因此，与其他地区军事管理机构与屯田机构分职管理不同，西域的军事管理机构同时又是屯田管理机构。汉代在西域的屯田是由校尉领护的，凡奉命领护屯田兵的使者或校尉，即建立幕府，作为战时的指挥机构，平时则作为管理屯田事务的机构。屯田校尉幕府的属官，多来自中央的北军，高级职务需经皇帝批准。其设官位和员数，则视屯田区的规模及战略级别高低而定。汉代西域屯田校尉幕府属官大体分为两类：一是军事行政助理人员，有史、丞、令史等，主管屯田庶务、文书、参赞军务等；二是作战指挥人员，有司马、军候、千人等，均为军职，负责统辖屯田军士，处理军情，传达命令，参与军政决策，协调指挥，领军作战，执行军法，管理武器装备、粮草军需，以及开辟道路、修筑军事工程等。

（三）汉代驻西域军事机构主管多具“使者”身份

汉代派往西域的军事主管，包括西域都护在内，多具有“使者”的身份。这种身份又不同于一般临时性派遣的外交使节，而是作为特派官员长期留驻西域。一方面，他们具有使者的作用和性质，成为西域的常驻使节；另一方面，作为实际上派驻西域的中央派出机构，其又部分具备了一些类似地方政府的性质与职能。这样，表现在军事职能上，则西域地区的军事主管具有了较之其他边郡更多的军事自主权，西域都护等西域地方军政长官往往不经中央同意便行军事征伐之权，这在前文叙述的诸多事例中屡见不鲜。之所以如此，与西域所处特殊位置不无关系。由于西域偏远，域内诸国关系复杂，政局多变，加之匈奴势力的侵扰与离间，往往在中央政府做出反应之前，变局便已发生。为了避免这种局面,汉政府赋予派驻西域的军政要员以"使者"身份,授予符节,代表皇帝处理西域军务,临机决断,便成为汉王朝最好的选择。

第二节　汉代西域边防武装力量的构成

汉代西域的军事力量主要是由三种形态的武装力量构成的，一是都护直辖的屯田部队，二是西域诸内属民族政权的军队，三是中央支援的征战部队。

一、都护直辖的屯田部队

汉代的屯田部队又被称作“屯田兵”，是一支且耕且守的边防武装力量，在汉简中常作“田卒”或“戍田卒”，笔者称之为“以兵营田”。早在文帝时代，为了巩固北边防务，采纳晁错“徙民实边”之策，在边境徙民屯田，是为屯田的雏形。真正意义上的屯田兵之设，当始于武帝时代。武帝元狩年间(前 122—前 117)，随着汉匈间战争的爆发与扩大，汉廷为了巩固边土、威慑匈奴，遂“渡河自朔方以西至令居，往往通渠，置田官吏卒五六万人”[1]。汉代大规模的军屯自此始，以后进一步发展。元鼎年间(前 116—前 111)，设张掖、酒泉、上郡、朔方、西河、河西六郡，开辟官田，置田官，征发 60 万戍卒，屯戍固边。又自敦煌至盐泽，开通西域道路，建立军事屯戍设施，于土地肥沃、交通要害之处，皆置屯田兵，命将镇守，且耕且守，开疆固边。汉武帝太初四年(前 101)遣李广利伐胜大宛后，进一步列玉门亭障至渠犁以西，并设使者校尉于轮台，屯田积谷。从此，汉廷在西域建立了真正的屯田据点。此后诸帝对西域军屯事业皆多关注，并呈逐步扩大之势。关于汉代西域屯田的具体情况，在前文中已多有论述，在此不再赘述，仅将其推进的历程和文献出处表列如下。

表 3.1　汉代西域地区屯田推进表

屯田地区	文献出处	大致年代
眩雷	《史记》卷一百一十《匈奴列传》，第 3519 页	汉武帝元封年间 (前 110—前 105)

[1] [汉]班固：《汉书》卷九十四上《匈奴传》，北京：中华书局，1962 年，第 3770 页。

续表

屯田地区	文献出处	大致年代
轮台—渠犁	《史记》卷一百二十三《大宛列传》，第3857页	汉武帝太初四年（前101）—汉元帝初元元年（前48）
	《汉书》卷九十六上《西域传》，第3873页	
	《汉书》卷九十六下《西域传》，第3916—3917页	
	《汉书》卷九十六下《西域传》，第3922—3923页	
	《汉书》卷七十《傅常郑甘陈段传》，第3005页	
	《汉书》卷九十六上《西域传》，第3874页	
伊循	《汉书》卷九十六上《西域传》，第3878页	汉昭帝元凤四年（前77）
交河	《汉书》卷九十六下《西域传》，第3923—3924页	汉宣帝地节二年（前68）—汉平帝元始元年（1）
比胥鞬	《汉书》卷九十六上《西域传》，第3874页	汉宣帝神爵三年（前59）
赤谷	《汉书》卷九十六下《西域传》，第3907页	汉宣帝甘露元年（前53）
焉耆	《汉书》卷六十九《赵充国辛庆忌传》，第2996页	汉宣帝甘露三年（前51）
姑墨	《汉书》卷九十六下《西域传》，第3908页	汉成帝建始三年到河平元年（前30—前28）
高昌壁	《汉书》卷九十六下《西域传》，第3924页	汉平帝元始年间（1—5）
	《后汉书》卷八十八《西域传》，第2909页	汉明帝永平十七年到永平十八年（74—75）
	《后汉书》卷八十八《西域传》，第2910页	汉和帝永元三年（91）—汉安帝永初元年（107）
	《后汉书》卷八十八《西域传》，第2914页	安帝延光二年（123）
伊吾卢	《后汉书》卷八十八《西域传》，第2909页	汉明帝永平十六年（73）—汉章帝建初二年（77）
	《后汉书》卷八十八《西域传》，第2911页	汉安帝元初六年（119）
	《后汉书》卷八十八《西域传》，第2912页	汉顺帝永建六年（131）
柳中城	《后汉书》卷十九《耿弇传》，第720页	汉明帝永平十七年（74）
	《后汉书》卷八十八《西域传》，第2912页	汉安帝元光中（123—124）
金满城	《后汉书》卷十九《耿弇传》，第720页	汉明帝永平十七年（74）

续表

屯田地区	文献出处	大致年代
且固城	《后汉书》卷八十八《西域传》，第2910页	汉和帝永元三年(91)
	《后汉书》卷八十八《西域传》，第2931页	汉桓帝永兴元年(153)

从上表反映的情况来看，汉代在西域的屯田遍布于土地肥沃、交通要害之地，不仅遏制了匈奴势力对西域的侵扰，而且对域内反汉势力形成有效震慑。

西域地区的屯田兵主要来自内地征调服兵役的正卒，部分源于弛刑士和应募士。凡内郡正卒，按制度规定，屯戍一年，定期轮换。但由于西域路途遥远，常有逾期服役乃至长期服役者。西域的屯田兵不同于其他边郡的屯田兵，其大体都按军事组织编组，由屯田校尉等军职人员统率与管理，受西域都护与中央主管西域事务的北军中垒校尉双重领导。东汉西域军屯虽仍旧进行，并有一定规模，但其兵员多为弛刑士和免死徙边的囚犯，如汉安帝元光中(123—124)，"以班勇为西域长史，将弛刑士五百人，西屯柳中"[1]。其开发西域、屯戍固边的能力已难与西汉军屯盛世相比。

二、西域诸内属民族政权的军队

西域诸民族政权归汉后，汉朝对其采取以羁縻为主的统治方式，西域诸国仍旧保持着一定的独立性，享有部分军政自主权，拥有完整的军政机构。就其军队建制而言，各国国王及部族首领即为各国最高军事长官，其下设有完善的军事管理机构，如下表。

表3.2　西域诸国军事长官及官员名称表

国别	军事长官及官员名称
婼羌	去胡来王
鄯善	鄯善王、辅国侯、却胡侯、鄯善都尉、击车师都尉、左且渠、右且渠、击车师君
且末	且末王、辅国侯、左将、右将
小宛	小宛王、辅国侯、左都尉、右都尉
精绝	精绝王、精绝都尉、左将、右将
戎卢	戎卢王

[1][南朝宋]范晔:《后汉书》卷八十八《西域传》，北京:中华书局，1965年，第2912页。

续表

国别	军事长官及官员名称
杆弥	杆弥王、辅国侯、左都尉、右都尉、左将、右将、左骑君、右骑君
于窴	于窴王、辅国侯、左将、右将、左骑君、右骑君、东城长、西城长
皮山	皮山王、左将、右将、左都尉、右都尉、骑君
乌秅	乌秅王
西夜	子合王
蒲犁	蒲犁王、侯、都尉
依耐	依耐王
无雷	无雷王
难兜	难兜王
桃槐	桃槐王
休循	休循王
捐毒	捐毒王
莎车	莎车王、辅国侯、左将、右将、左骑君、右骑君、备西夜君、都尉
疏勒	疏勒王、疏勒侯、击胡侯、辅国侯、都尉、左将、右将、左骑君、右骑君
尉头	尉头王、左都尉、右都尉、左骑君、右骑君
姑墨	姑墨王、姑墨侯、辅国侯、都尉、左将、右将、左骑君、右骑君
温宿	温宿王、辅国侯、左将、右将、左都尉、右都尉、左骑君、右骑君
龟兹	龟兹王、大都尉丞、辅国侯、安国侯、击胡侯、却胡都尉、击车师都尉、左将、右将、左都尉、右都尉、左骑君、右骑君、左力辅君、右力辅君、东部千长、西部千长、南部千长、北部千长、却胡君
乌垒	城都尉
渠犁	城都尉
尉犁	尉犁王、尉犁侯、安世侯、左将、右将、左都尉、右都尉、击胡君
危须	危须王、击胡侯、击胡都尉、左将、右将、左都尉、右都尉
焉耆	焉耆王、击胡侯、却胡侯、辅国侯、左将、右将、左都尉、右都尉、击胡左君、击胡右君、击车师君、归义车师君
乌贪訾离	乌贪訾离王、辅国侯、左都尉、右都尉
卑陆	卑陆王、辅国侯、左将、右将、左都尉、右都尉

续表

国别	军事长官及官员名称
卑陆后	卑陆后王、辅国侯、都尉、将
郁立师	郁立师王、辅国侯、左都尉、右都尉
单桓	单桓王、辅国侯、将、左都尉、右都尉
蒲类	蒲类王、辅国侯、左将、右将、左都尉、右都尉
蒲类后	蒲类后王、辅国侯、将、左都尉、右都尉
西且弥	西且弥王、西且弥侯、左将、右将、左骑君、右骑君
东且弥	东且弥王、东且弥侯、左都尉、右都尉
劫国	劫王、辅国侯、都尉
狐胡	狐胡王、辅国侯、左都尉、右都尉
山国	山王、辅国侯、左将、右将、左都尉、右都尉
车师前国	车师前王、辅国侯、安国侯、左将、右将、都尉、归汉都尉、左师君、通善君、乡善君
车师后国	车师后王、击胡侯、左将、右将、左都尉、右都尉、导民君
车师都尉	车师都尉
车师后城	车师后城长
乌孙	大昆弥、小昆弥、相、大吏、大禄、大监、翕侯、左大将、右大将、大将、骑君
大宛	大宛王、副王、辅国王

从表格反映的情况看，西域诸国建有完善的军事制度与体系，其职官建置，一部分保留了当地原有的官职，如且渠、骑君、翕侯等；一部分职官则为汉廷或仿汉廷所置，如都尉、将军、城长、归义侯等。诸国由于地理位置、国土面积及人口状况差异较大，不仅其军事领导机构的建置或复杂或简略，其所拥有的军队数亦差别较大。为了更为直观地了解西域诸国军力的差异，兹将两汉内属西域诸国户口及军队数目表列如下。

表 3.3　西汉内属西域诸国户口及军队数目表

国别	户数	口数	胜兵数
楼兰(鄯善)	1570	14100	2912
且末	230	1610	320
小宛	150	1050	200

续表

国别	户数	口数	胜兵数
精绝	480	3360	500
戎卢	240	1610	300
杅弥	3340	20040	3540
渠勒	310	2170	300
于寘	3300	19300	2400
皮山	500	3500	500
乌秅	490	2733	740
西夜	350	4000	1000
蒲犁	650	5000	2000
依耐	125	670	350
无雷	1000	7000	3000
难兜	5000	31000	8000
大宛	60000	300000	60000
桃槐	700	5000	1000
休循	358	1030	480
捐毒	380	1100	500
莎车	2339	6373	3049
疏勒	1510	8647	2000
尉头	300	2300	800
乌孙	120000	630000	188800
姑墨	3500	24500	4500
温宿	2200	8400	1500
龟兹	6970	81317	21076
乌垒	110	1200	300
渠犁	130	1480	150
尉犁	1200	9600	2000
危须	700	4900	2000
焉耆	4000	32100	6000

续表

国别	户数	口数	胜兵数
乌贪訾离	41	231	57
卑陆	227	1387	422
卑陆后国	462	1137	350
郁立师	190	1445	331
单桓	27	194	45
蒲类	325	2032	799
蒲类后国	100	1070	334
西且弥	332	1926	738
东且弥	191	1948	572
劫国	99	500	115
狐胡	55	264	45
山国	450	5000	1000
车师前国	700	6050	1865
车师后国	595	4774	1890
车师都尉国	40	333	84
车师后城长国	154	960	260
合计	226120	1264341	329124

表 3.4　东汉内属西域诸国户口及军队数目表

国别	户数	口数	胜兵数
拘弥	2173	7251	1760
于窴	32000	83000	30000 余
西夜	2500	10000 余	3000
子合	350	4000	1000
德若	100 余	670	350
疏勒	21000	不详	30000 余
焉耆	15000	52000	20000 余
蒲类	800 余	2000 余	700 余
移支	1000 余	3000 余	1000 余

续表

国别	户数	口数	胜兵数
东且弥	3000 余	5000 余	2000 余
车师前王	1500 余	4000 余	2000
车师后王	4000 余	15000 余	3000 余
合计	约 83423	约 185921	约 60460

可见，西域诸国中既有国力雄厚，拥有带甲之士十数万的大国，亦有国弱民寡、兵不满百的城邦小国，且各有君长、无所统一，各国间又矛盾重重，不相亲附，不易“统率与之进退”[1]。但同时也应该看到，在整体上西域诸国仍拥有较强的军事实力，西汉时期西域诸国的总兵力达到 30 余万；东汉时期虽然缺乏整体数据，但就《后汉书》中所统计的诸国军力，达约 6 万之数，其总兵力去西汉亦当不远。诸国兵力又皆以骑兵为主，由各国丁壮组成，士兵骁勇、能骑善射，且更为适应当地的环境，若能有效组织，便可成为汉廷在西域的重要边防力量。事实上，当汉廷能够有效控制西域时，往往执行“以夷伐夷”之策，西域诸国军队或在汉廷的统一领导下，或由汉廷所任命的地方官员指挥，征讨不臣，抵御匈奴。兹将汉代征发诸国联军从征的情况表列如下。

表 3.5　汉代征发诸国联军从征表

年代	征伐对象	战争经过	资料出处
天汉二年（前 100）	车师	以匈奴降者介和王为开陵侯，将楼兰国兵始击车师	《汉书》卷九十六下《西域传》，第 3922 页
征和四年（前 89）	车师	遣重合侯马通将四万骑击匈奴，道过车师北，复遣开陵侯将楼兰、尉犁、危须凡六国兵别击车师，勿令得遮重合侯	《汉书》卷九十六下《西域传》，第 3922 页
本始三年（前 71）	匈奴	遣校尉常惠使持节护乌孙兵，昆弥自将翕侯以下五万骑从西方入	《汉书》卷九十六下《西域传》，第 3905 页
本始四年（前 70）	龟兹	长罗侯常惠使乌孙还，便宜发诸国兵，合五万人攻龟兹，责以前杀校尉赖丹	《汉书》卷九十六下《西域传》，第 3916—3917 页

[1] [汉]班固：《汉书》卷九十六下《西域传》，北京：中华书局，1962 年，第 3930 页。

续表

年代	征伐对象	战争经过	资料出处
地节二年（前68）	车师	至秋收谷，吉、憙发城郭诸国兵万余人，自与所将田士千五百人共击车师，攻交河城，破之	《汉书》卷九十六下《西域传》，第3922页
元康元年（前65）	莎车	卫候冯奉世使送大宛客，即以便宜发诸国兵击杀之，更立它昆弟子为莎车王。还，拜奉世为光禄大夫	《汉书》卷九十六上《西域传》，第3897—3898页
神爵二年（前60）	匈奴	匈奴乖乱，日逐王先贤掸欲降汉，使人与吉相闻。吉发渠黎、龟兹诸国五万人迎日逐王	《汉书》卷七十《傅常郑甘陈段传》，第3006页
建昭三年（前36）	郅支、康居	西域都护甘延寿、副校尉陈汤担心郅支与康居勾结，再度威胁汉在西域的统治，矫制发城郭诸国兵、车师戊己校尉屯田吏士，部勒行阵，益置扬威、白虎、合骑之校，汉兵、胡兵合四万余人，延寿、汤上疏自劾奏矫制，陈言兵状	《汉书》卷七十《傅常郑甘陈段传》，第3010－3014页
天凤三年（16）	焉耆	遣五威将王骏、西域都护李崇将戊己校尉出西域，诸国皆郊迎，送兵谷，焉耆诈降而聚兵自备。骏等将莎车、龟兹兵七千余人，分为数部入焉耆	《汉书》卷九十六下《西域传》，第3927页
建初三年（78）	姑墨	超率疏勒、康居、于寘、拘弥兵一万人攻姑墨石城，破之，斩首七百级	《后汉书》卷四十七《班梁列传》，第1575页
元和元年（84）	莎车、疏勒、康居	复遣假司马和恭等四人将兵八百诣超，超因发疏勒、于寘兵击莎车	《后汉书》卷四十七《班梁列传》，第1579页
章和元年（87）	莎车	超发于寘诸国兵二万五千人，复击莎车	《后汉书》卷四十七《班梁列传》，第1580页

续表

年代	征伐对象	战争经过	资料出处
永元六年(94)	焉耆诸国	超遂发龟兹、鄯善等八国兵合七万人，及吏士贾客千四百人讨焉耆	《后汉书》卷四十七《班梁列传》，第1582页
延光三年(124)	匈奴伊蠡王	(班)勇至楼兰，以鄯善归附，特加三绶。而龟兹王白英犹自疑未下，勇开以恩信，白英乃率姑墨、温宿自缚诣勇降。勇因发其兵步骑万余人到车师前王庭	《后汉书》卷四十七《班梁列传》，第1589页
延光四年(125)	车师后部	(班)勇发敦煌、张掖、酒泉六千骑及鄯善、疏勒、车师前部兵击后部王军就，大破之	《后汉书》卷四十七《班梁列传》，第1589—1590页
永建二年(127)	焉耆	遣敦煌太守张朗将河西四郡兵三千人配勇。因发诸国兵四万余人，分骑为两道击之	《后汉书》卷四十七《班梁列传》，第1590页
阳嘉元年(132)	于寘	徐由遣疏勒王臣槃发二万人击于寘，破之，斩首数百级，放兵大掠，更立兴宗人成国为拘弥王而还	《后汉书》卷八十八《西域传》，第2915页
建宁三年(170)	疏勒	凉州刺史孟佗遣从事任涉将敦煌兵五百人，与戊司马曹宽、西域长史张晏，将焉耆、龟兹、车师前后部，合三万余人，讨疏勒，攻桢中城，四十余日不能下，引去。其后疏勒王连相杀害，朝廷亦不能禁	《后汉书》卷八十八《西域传》，第2927页
阳嘉三年(134)	北匈奴	车师后部司马率加特奴等千五百人，掩击北匈奴于阊吾陆谷	《后汉书》卷八十八《西域传》，第2930页

续表

年代	征伐对象	战争经过	资料出处
阳嘉四年(135)	匈奴呼衍王	北匈奴呼衍王率兵侵后部,帝以车师六国接近北虏,为西域蔽扞,乃令敦煌太守发诸国兵,及玉门关候、伊吾司马,合六千三百骑救之,掩击北虏于勒山,汉军不利。秋,呼衍王复将二千人攻后部,破之	《后汉书》卷八十八《西域传》,第 2930 页

可见,诸国的军事力量已成为汉廷在西域的军事主力,每有重大战事,都会征发诸国联军从征,充分利用西域当地的军力资源,以夷伐夷,达到兵可不费中国而西域自安的目的。

三、中央支援的征战部队

汉代在西域虽然驻有数量可观的军队,并且多征发西域诸国联军从征,但由于西域政治局面与民族状况复杂,诸国多有反叛之举,且匈奴势力亦对西域多有垂涎之意,仅仅依靠汉廷在西域的屯驻军及征发的西域诸国军队难以应付,中央往往会动用河西边郡甚至内地的军事力量,组成征战力量,支援西域。武帝时期的李广利征伐大宛之役、西汉武昭宣时期汉与匈奴在车师与乌孙的争夺、东汉时期“三通”西域等都较大规模地动员了汉廷本土的军力参与支援西域的战事。

表 3.6　两汉支援西域作战表

年代	征伐对象	战争经过	资料出处
元封三年(前 108)	楼兰姑师	遣从票侯赵破奴将属国骑及郡兵数万击姑师。王恢数为楼兰所苦,上令恢佐破奴将兵。破奴与轻骑七百人先至,虏楼兰王,遂破姑师	《汉书》卷九十六上《西域传》,第 3876 页
太初元年(前 104)	大宛	以广利为贰师将军,发属国六千骑及郡国恶少年数万人以往	《汉书》卷六十一《张骞李广利列传》,第 2699 页

续表

年代	征伐对象	战争经过	资料出处
太初三年（前102）	大宛	（汉武帝）赦囚徒扞寇盗，发恶少年及边骑，岁余而出敦煌六万人，负私从者不与。牛十万，马三万匹，驴、橐驼以万数赍粮，兵弩甚设。天下骚动，转相奉伐宛，五十余校尉。宛城中无井，汲城外流水，于是遣水工徙其城下水空以穴其城。益发戍甲卒十八万酒泉、张掖北，置居延、休屠以卫酒泉。而发天下七科適，及载精给贰师，转车人徒相连属至敦煌。而拜习马者二人为执驱马校尉，备破宛择取其善马云	《汉书》卷六十一《张骞李广利列传》，第2699—2702页
元康二年（前64）	车师	诏遣长罗侯将张掖、酒泉骑出车师北千余里，扬威武车师旁。胡骑引去，吉乃得出，归渠犁，凡三校尉屯田	《汉书》卷九十六下《西域传》，第3923页
甘露元年（前53）	乌孙	翁归靡与匈奴女所生子乌就屠袭杀狂王，汉遣破羌将军辛武贤将兵万五千人至敦煌，遣使者案行表，穿卑鞮侯井以西，欲通渠转谷，积居庐仓以讨之	《汉书》卷九十六下《西域传》，第3907页
甘露元年（前53）	乌孙	后乌就屠不尽归诸翕侯民众，汉复遣长罗侯惠将三校屯赤谷，因为分别其人民地界，大昆弥户六万余，小昆弥户四万余，然众心皆附小昆弥	《汉书》卷九十六下《西域传》，第3907页
永平十七年（74）	白山虏	冬十一月，遣奉车都尉窦固、驸马都尉耿秉、骑都尉刘张，出敦煌昆仑塞，击破白山（天山东段）虏于蒲类海上，遂入车师。初置西域都护，戊己校尉	《后汉书》卷二《显宗孝明帝纪》，第122页
建初元年（76）	车师	及明帝崩，焉耆、龟兹攻没都护陈睦，悉覆其众，匈奴、车师围戊己校尉。酒泉太守段彭大破车师于交河城。章帝不欲疲敝中国以事夷狄，乃迎还戊己校尉，不复遣都护	《后汉书》卷八十八《西域传》，第2909—2910页

续表

年代	征伐对象	战争经过	资料出处
建初三年(78)	姑墨	超率疏勒、康居、于寘、居弥兵一万人攻姑墨石城，破之，斩首七百级	《后汉书》卷四十七《班梁列传》，第1575页
建初三年(78)	疏勒	莎车以为汉兵不出，遂降于龟兹，而疏勒都尉番辰亦复反叛。会徐幹适至，超遂与幹击番辰，大破之，斩首千余级，多获生口	《后汉书》卷四十七《班梁列传》，第1577页
元和元年(84)	莎车、疏勒、康居	复遣假司马和恭等四人将兵八百诣超，超因发疏勒、于寘兵击莎车	《后汉书》卷四十七《班梁列传》，第1579页
永元二年(90)	伊吾	(窦宪)遣副校尉阎槃将二千余骑掩击伊吾，破之	《后汉书》卷八十八《西域传》，第2910页
永元九年(97)	车师后部	汉遣将兵长史王林，发凉州六郡兵及羌胡二万余人，以讨涿鞮，获首虏千余人。涿鞮入北匈奴，汉军追击，斩之，立涿鞮弟农奇为王	《后汉书》卷八十八《西域传》，第2930页
延平元年(105)	西域诸国	延平元年拜(梁慬)西域副校尉。慬行至河西，会西域诸国反叛，攻都护任尚于疏勒。尚上书求救，诏慬将河西四郡羌胡五千骑驰赴之	《后汉书》卷四十七《班梁列传》，第1591页
延光四年(125)	车师后部	(班)勇发敦煌、张掖、酒泉六千骑及鄯善、疏勒、车师前部兵击后部王军就，大破之	《后汉书》卷四十七《班梁列传》，第1589—1590页
永建二年(127)	焉耆	遣敦煌太守张朗将河西四郡兵三千人配勇。因发诸国兵四万余人，分骑为两道击之。勇从南道，朗从北道，元孟惧诛，逆遣使乞降	《后汉书》卷四十七《班梁列传》，第1590页

续表

年代	征伐对象	战争经过	资料出处
建宁三年（170）	疏勒	凉州刺史孟佗遣从事任涉将敦煌兵五百人，与戊司马曹宽、西域长史张晏，将焉耆、龟兹、车师前后部，合三万余人，讨疏勒，攻桢中城，四十余日不能下，引去。其后疏勒王连相杀害，朝廷亦不能禁	《后汉书》卷八十八《西域传》，第2927页

这些支援的征战部队主要是由边郡兵与属国兵组成的，而之所以将边郡兵与属国兵作为主力，原因如下：一是其作为边防军的主力，规模庞大，日常参与巡防的骑兵即可达万人的规模，如“边郡太守各将万骑行障塞，烽火追虏”[1]。二是边郡兵与属国兵均以戍边为己任，其兵员多来自边地包括匈奴、西羌等游牧民族在内的各族丁壮，熟知边情，骁勇善战，且以骑兵为主，战斗力较强。三是组织领导体系严密、健全。两汉的边郡兵以边郡太守为主将，下置丞、长史等属官协助，其中长史作为太守的主要军事助手，常常亲自率领兵马巡边、作战。同时，据《居延汉简》载，边郡分部设防，一郡分为数部，每部设部都尉，掌兵马之事，其下还有千人、司马、候、燧等基层领兵职官。属国兵则由属国都尉领导，属国都尉由中央任命，地位类似于太守，既典军事，又掌治民，而尤以军职为主。

从上述分析来看，汉代在西域的军事力量构成，有以下两个方面的特点：一是汉代在西域的军事力量存在着多元化的特点。汉代在西域的军事力量，除了常驻的屯田士卒以外，其主力是由域内各属国兵员组成的联军，必要时还会得到边郡兵与属国兵的支援。这三种军事力量，在体制上各自独立，互不统属。其中屯田兵，起初由都护直接领护。元帝后，则转由中央设立的戊己校尉管理。西域内属诸国的军队，则由当地的首领及土官管理。边郡兵与属国兵则由朝廷任命之官员统率。三者各成一体系，仅在战时才由都护或汉廷特遣之官协调指挥，使得汉代在西域的军力构成明显表现出多元化的特点。二是汉代在西域的用兵方式，表现出了“以夷制夷”的特点。正如前文所述，汉代在西域的边防主力是由域内内属诸国军队构成的，汉廷在西域虽然驻有屯田兵卒，但这些士卒或源于屯戍服役之更卒，或源于免刑罪人，战斗力不强，且数量有限。西汉屯田

[1] [清]孙星衍等辑，周天游点校：《汉官六种》，北京：中华书局，1990年，第152—153页。

最盛时，其人数亦不过数千余人。[1] 因此，西域每遇战事，其作战主力均为域内诸国军组成的联军，他们多来源于诸族丁壮，以骑兵为主，熟知边情、骁勇善战。平时由汉廷所册封诸国首领与土官率领，战时奉命从征，成为维护西域社会稳定的重要军事力量。

[1] 据《后汉书·西域传》记载，光武初，莎车国王康"率傍国拒匈奴，拥卫故都护吏士妻子千余口"，由此可以推知汉代在西域屯田的士卒当在数千人之间。

第三节　两汉对西域的征伐与各藩属政权关系的调整

两汉在西域的统治虽以羁縻为主，但必要的军事征伐仍难以避免，本节即就两汉王朝对西域的征伐与各藩属政权的关系调整问题做一番探讨。

一、西域藩属政权的反叛与讨伐

通过前文的分析可知，西域诸国自宣帝神爵年间（前61—前58）归附汉朝以来，汉廷就采取了相对和缓的羁縻手段实现对西域的管理。在这一大的政策前提下，汉王朝对西域归附的少数民族政权与部落首领，不仅承认了其王、长的称号，采取“因俗而治”的施政方针，基本延续了诸国原有统治体系，诸国仍有很大的自治权；并且给予了较优厚的待遇，包括政治上的扶植、经济上的拉拢，以及生活上亲近的立场和态度。同时，汉王朝又在西域实行和亲、贸易、朝聘、册封、招抚等有效措施，争取少数民族上层分子的臣服，以达到固边利民、安邦强国的目的。然而即便如此，依然不能有效杜绝部分藩属政权的反叛，以武力征服和镇压的极端手段解决中原王朝与西域民族政权间的矛盾依然不可避免。对于西域地区的反汉势力的叛乱，汉廷往往采取果断的军事打击，以维护西域地区政局的稳定。兹将两汉王朝对西域的军事行动表列如下。

表3.7　两汉用兵西域简表

年代	用兵对象	资料出处
元封三年（前108）	楼兰、姑师	《汉书》卷九十六上《西域传》，第3876页
太初元年（前104）	大宛	《汉书》卷六十一《张骞李广利列传》，第2699页
太初三年（前102）	大宛	《汉书》卷六十一《张骞李广利列传》，第2699—2702页
天汉二年（前100）	车师	《汉书》卷九十六下《西域传》，第3922页
征和四年（前89）	车师	《汉书》卷九十六下《西域传》，第3922页
本始三年（前71）	匈奴	《汉书》卷九十六下《西域传》，第3905页
本始四年（前70）	龟兹	《汉书》卷九十六下《西域传》，第3916—3917页
地节二年（前68）	车师	《汉书》卷九十六下《西域传》，第3922页
地节三年（前67）	车师	《汉书》卷九十六下《西域传》，第3923页

续表

年代	用兵对象	资料出处
地节四年(前 66)	车师	《汉书》卷九十六下《西域传》,第 3923 页
元康元年(前 65)	莎车	《汉书》卷九十六上《西域传》,第 3897—3898 页
元康二年(前 64)	车师	《汉书》卷九十六下《西域传》,第 3923 页
神爵二年(前 60)	匈奴	《汉书》卷七十《傅常郑甘陈段传》,第 3006 页
神爵二年(前 60)	车师	余太山:《西域通史》,郑州:中州古籍出版社,1996 年,第 55 页
甘露元年(前 53)	乌孙	《汉书》卷九十六下《西域传》,第 3907 页
甘露元年(前 53)	乌孙	《汉书》卷九十六下《西域传》,第 3907 页
建昭三年(前 36)	郅支、康居	《汉书》卷七十《傅常郑甘陈段传》,第 3010—3014 页;余太山:《西域通史》,第 58 页
建始二年(前 31)	乌孙	《汉书》卷九十六下《西域传》,第 3908 页
天凤三年(16)	焉耆	《汉书》卷九十六下《西域传》,第 3927 页
平帝元始年间(3—4)	乌孙	《汉书》卷九十六下《西域传》,第 3910 页
永平十六年(73)	北匈奴	《后汉书》卷二十三《窦融列传》,第 810 页
永平十七年(74)	白山虏	《后汉书》卷二《显宗孝明帝纪》,第 122 页
建初元年(76)	车师	《后汉书》卷八十八《西域传》,第 2909—2910 页
建初三年(78)	姑墨	《后汉书》卷四十七《班梁列传》,第 1575 页
建初三年(78)	疏勒	《后汉书》卷四十七《班梁列传》,第 1577 页
元和元年(84)	莎车、疏勒、康居	《后汉书》卷四十七《班梁列传》,第 1579 页
元和三年(86)	疏勒	《后汉书》卷四十七《班梁列传》,第 1579—1580 页
章和元年(87)	莎车	《后汉书》卷四十七《班梁列传》,第 1580 页
永元元年(89)	北匈奴	《后汉书》卷八十八《西域传》,第 2910 页
永元二年(90)	伊吾	《后汉书》卷八十八《西域传》,第 2910 页
永元六年(94)	焉耆诸国	《后汉书》卷四十七《班梁列传》,第 1582 页
永元九年(97)	车师后部	《后汉书》卷八十八《西域传》,第 2930 页
延平元年(105)	西域诸国	《后汉书》卷四十七《班梁列传》,第 1591 页
延光三年(124)	匈奴伊蠡王	《后汉书》卷四十七《班梁列传》,第 1589 页
延光四年(125)	车师后部	《后汉书》卷四十七《班梁列传》,第 1589—1590 页

续表

年代	用兵对象	资料出处
永建元年(126)	车师六国	《后汉书》卷四十七《班梁列传》,第1590页
永建元年(126)	匈奴呼衍王	《后汉书》卷八十八《西域传》,第2930页;《后汉书》卷四十七《班梁列传》,第1590页
永建二年(127)	焉耆	《后汉书》卷四十七《班梁列传》,第1590页
阳嘉元年(132)	于寘	《后汉书》卷八十八《西域传》,第2915页
建宁三年(170)	疏勒	《后汉书》卷八十八《西域传》,第2927页
熹平四年(175)	于寘	《后汉书》卷八十八《西域传》,第2915页
阳嘉三年(134)	北匈奴	《后汉书》卷八十八《西域传》,第2930页
阳嘉四年(135)	匈奴呼衍王	《后汉书》卷八十八《西域传》,第2930页

从表格中反映的情况来看,西汉时期对西域诸国的征伐,主要集中在都护设置之前。在都护设置之后,汉廷对西域用兵渐少,主要集中于平息乌孙内乱及抵御匈奴的侵扰。而东汉时期用兵西域的次数要多于西汉,大概与东汉对西域的统治远不及西汉稳固有关。整体而言,两汉对西域内属诸国的管理,以政治羁縻为主,以军事征伐为辅,若非逼不得已,绝少用兵,即便用兵,也多以威慑为主,辅以政治劝降。如甘露元年(前53)乌就屠袭杀狂王,汉朝一方面遣破羌将军辛武贤将兵万五千人至敦煌,遣使者案行表,穿卑鞮侯井以西,欲通渠转谷,积居庐仓以讨之。一方面都护郑吉又派遣冯夫人劝降乌就屠,终于说服乌就屠,"立元贵靡为大昆弥,乌就屠为小昆弥,皆赐印绶。破羌将军不出塞还",乌孙问题得以和平解决。

二、西域诸政权反叛的原因

从前文的分析来看,两汉王朝对西域的统治,基本上奉行的是"因俗而治"的羁縻政策,但西域地区仍多有叛乱,民族间的流血冲突时有发生。这类情况的出现,并非是由偶然因素引起的,而是有着更深层次的原因。

其一,西域本为匈奴的势力范围,早在汉文帝前元三年(前177)前后,匈奴单于即派遣右贤王击走月氏,占领西域,"楼兰、乌孙、呼揭及其旁二(三)十六国皆已为匈奴"[1]。史学界多以右贤王西击月氏的时间作为匈奴统治西域的开始。从前元四年右贤王西击月氏控制西域开始，到征和元年(前 92)匈奴置僮仆都尉，匈奴已经对西域维持了 80 余年的统治。随着汉匈双方对西域争夺的加剧，自征和元年起，"匈奴西边日逐王置僮仆都尉，使领西域，常居焉耆、危须、尉犁间，赋税诸国，取富给焉"[2]，以加强对西域的控制。此后 30 年间汉匈在西域地区的争夺更为激烈，直至神爵二年(前 60)，匈奴虚闾权渠单于死，日逐王先贤掸争单于位失败率众归降，匈奴方被迫罢置僮仆都尉，放弃西域。次年，汉朝设置西域都护府，任命郑吉为西域都护。从此，"汉之号令颁西域矣"[3]。

自西域都护建置后，匈奴在西域的势力受到极大削弱，但匈奴并未完全放弃对西域的经略，依旧依靠其旧有的影响力，唆使部分西域政权反叛朝廷。可以说，西域的历次叛乱，其背后都有匈奴的影子。其中最明显的事例莫过于匈奴对乌孙事务的干预。当乌孙与汉朝积极筹备第三次和亲时，匈奴即暗地指使乌孙国内的亲匈奴势力发动政变；同时，勾结西羌诸部发动叛乱，切断河西走廊通道。遥相呼应，最终成功将乌孙的亲匈奴势力推上执政地位，并导致乌孙国内长时间内乱，对汉王朝在西域的统治造成极大的困扰。史载："自乌孙分立两昆弥后，汉用忧劳，且无宁岁。"[4]东汉以降，中原王朝对西域的控制远不如西汉，北匈奴对西域的骚扰更是有恃无恐，直接或间接导致了西域地区的多次冲突。

其二，汉廷本身的政策性失误，也是导致西域地区军事冲突的重要因素。安辑怀柔是汉王朝针对西域的基本政策，汉廷在西域的历任都护一般均能切实执行这一政策，据《汉书·傅常郑甘陈段传》记载，"至于地节，郑吉建都护之号，讫王莽世，凡十八人"[5]，这些人中，多以恩信为称。东汉时，都护虽时置时废，但以班氏父子为代表的西域边吏，很好地执行了中原王朝的安辑怀柔之策。虽然如此，仍旧有些边吏或出于贪婪，或出于冒功，在西域执行了一些较为激进的错误政策，导致边疆矛盾激化。如平帝元始二年(2)，戊己校尉徐普为了开辟新道拘捕了采取不合作态度的车师后国王姑句，姑句想到不久前车师前国王为都护司马所杀，即叛逃匈奴；不久，去胡来王唐兜也因都护但钦的不作为叛逃匈

---

[1] [汉]班固：《汉书》卷九十四上《匈奴传》，北京：中华书局，1962 年，第 3757 页。

[2] [汉]班固：《汉书》卷九十六上《西域传》，北京：中华书局，1962 年，第 3872 页。

[3] [汉]班固：《汉书》卷七十《傅常郑甘陈段传》，北京：中华书局，1962 年，第 3006 页。

[4] [汉]班固：《汉书》卷九十六下《西域传》，北京：中华书局，1962 年，第 3910 页。

[5] [汉]班固：《汉书》卷七十《傅常郑甘陈段传》，北京：中华书局，1962 年，第 3032 页。

奴。这两次叛逃，很大程度上是由汉廷边吏的错误处理方式引起的，遗憾的是此时当政的王莽不仅未追究汉官的责任，反而陈军西域，当众斩杀姑句与唐兜。虽然此举弹压了西域的反汉势力，稳定了局势，但姑句与唐兜所诛非罪加剧了汉廷与西域诸国的矛盾。新莽时，中央政府将西域诸王一律改称为侯，同时遣派五威将军等官出镇西域。由于这些官员腐败贪婪，对西域诸国索求无度，导致诸国的反感。当车师后王须离置听闻西域太伯甄丰即将到来的消息，害怕无法负担，便谋求叛逃匈奴，为都护但钦斩首，直接导致须置离之兄狐兰支率领车师后国二千余人叛逃匈奴。之后不久，以焉耆为首的西域诸国爆发了更大的叛乱，王莽不能制，终于失掉西域。

东汉时任尚代替班超为都护后，再次采取了较为严苛的政策，从而导致人心大失，西域诸国又一次大规模叛乱，围攻任尚于疏勒。任尚向朝廷求救，东汉政府不得不遣梁慬等率河西羌骑支援。由于将吏贪暴，激起西羌叛乱，此后河西大乱，东汉不得不放弃西域，西域再次沦为北匈奴的势力范围。东汉末年，又由于西域长史王敬的贪功冒进，导致于窴和拘弥的长期冲突，使东汉政府疲于应付。

其三，西域地区一些强国的迅速崛起及其谋取霸业的企求，进一步引起域内诸国的冲突，甚至是与中央的直接冲突。由于汉王朝对西域的统治较为宽松，并且通过屯田向西域传播了中原地区先进的农耕、水利及手工业生产技术，大大促进了西域地区社会经济的发展，一些西域大国借此得到极大的发展，这一点可以从两汉间西域诸大国的人口变迁中得到印证。从前文的分析中可以看出，西汉到东汉短短百余年间，西域绿洲诸国的人口呈爆炸式增长，各国人口户数均翻了数倍。[1] 这些人口的增长很大程度上是中原密集型农业西传的结果[2]，同时还有相当一部分是通过兼并他国获得的。

这些日渐强大起来的国家，开始不满足于自身的地位，开始谋求地区霸权。这一趋势在两汉之际最为明显，一方面此时中原内乱无暇顾及西域，另一方面此时匈奴的实力亦大不如前，对西域的控制流于形式，一些地区大国趁此崛起，最明显的事例就是莎车的崛起。光武年间，莎车王贤自称“都护”，勒索诸国赋税，攻鄯善，断东汉与西域之通道，并龟兹、于窴、拘弥、姑墨、子合诸国，降大宛，横行西域数年之久。其后东汉虽然恢复了对西域的统治，但与匈奴相似，东汉

[1] 详见本书第二章第四节第三部分“外来人口对西域社会的影响”。

[2] 余太山：《西域文化史》，北京：中国友谊出版公司，1995 年，第 89—90 页。

的国力远不及西汉，对西域的控制力度明显不足。一些西域大国，如焉耆、龟兹等国，常常勾结匈奴势力，与中央政府对抗，挑起数次大规模的叛乱，成为西域地区的不稳定因素。

三、两汉对西域的征伐与各藩属政权关系的调整

由前文的分析可知，两汉对西域内属诸国的管理，以政治羁縻为主，以军事征伐为辅，若非逼不得已，绝少用兵，即便用兵，也多以威慑为主，辅以政治劝降。但出于维护西域统治的需要，必要的军事征伐是两汉调整与各藩属政权关系的重要手段。

首先，西域对两汉王朝的安全而言，不仅有着地缘战略重要性，而且是一个最薄弱环节。为遏制匈奴的威胁，朝廷必须控制西域。当时的西域诸国对汉与匈奴的态度，主要以军事武力为转移。由于西域本为匈奴的势力范围，加之匈奴拥有地近西域的地缘优势，“自乌孙以西至安息，以近匈奴……然以畏匈奴于汉使焉”[1]。这种对汉朝与匈奴态度的截然不同，也决定了汉朝必须在军事上对西域取得决定性优势，才能有效控制西域。正因如此，汉王朝在西域用兵的首要目的在于铲除西域亲匈奴反叛势力，打破匈奴依靠西域亲匈奴势力重新控制西域的战略企图。汉廷对西域的统治正是在历次征伐的前提下建立的，如都护建立前，西汉王朝曾多次攻楼兰、伐大宛、争车师。通过多次远征，汉王朝方始在西域取得优势的控制权，并取代匈奴，将西域纳入中原王朝的统治体系。都护的成立，标志着西域正式归属于中原王朝，在两汉治理下的西域，仍多有战事，其中大部分战争均是围绕着控制西域、抵御匈奴的入侵和渗透这一战略目标展开的。如建昭三年(前 36)，西域都护甘延寿、副校尉陈汤担心郅支与康居勾结，再度威胁汉在西域的统治，矫制发城郭诸国兵、车师戊己校尉屯田吏士，远征康居，诛杀郅支。永平十七年(74)冬十一月，遣奉车都尉窦固、驸马都尉耿秉、骑都尉刘张，出敦煌昆仑塞，击破白山虏于蒲类海上，遂入车师。永建元年(126)，班勇发诸国兵击走匈奴呼衍王。其后，北单于自将万余骑入后部，至金且谷，勇使假司马曹俟驰救之。单于引去，俊追斩其贵人骨都侯，于是呼衍王遂徙居枯梧河上。是后车师无复虏迹，城郭皆安。阳嘉三年(134)，车师后部司马

[1] [汉]司马迁:《史记(修订本)》卷一百二十三《大宛列传》，北京:中华书局，2014 年，第 3851—3852 页。

率加特奴等千五百人，掩击北匈奴于阊吾陆谷。次年，北匈奴呼衍王率兵侵后部，帝以车师六国接近北虏，为西域蔽扞，乃令敦煌太守发诸国兵，及玉门关候、伊吾司马，合六千三百骑救之，掩击北虏于勒山。其年秋，又于车师后部击破呼衍王所将二千人的入侵。这几场规模较大的战争，沉重打击了西域的匈奴势力，使其试图通过域内亲匈奴势力重新控制西域的战略企图落空，巩固了汉廷对西域的统治，维护了西域社会稳定。

其次，有力的军事征伐与威慑，可以有效协调西域内部诸国间的矛盾冲突，打击域内霸权，维护西域的和平稳定。西域地区由于城邦众多，民族结构复杂，各国及国内各势力之间均存在很大的利益冲突与矛盾。这些矛盾的扩大，不仅加剧了西域社会的动荡，而且影响到汉廷对西域的管理。这种情况下，为了有效协调诸国及诸势力间的矛盾冲突，维持一定的武力威慑，就显得尤为必要。如甘露元年（前 53），翁归靡与匈奴女所生子乌就屠袭杀狂王，汉遣破羌将军辛武贤将兵万五千人至敦煌，遣使者案行表，穿卑鞮侯井以西，欲通渠转谷，积居庐仓以讨之。在汉军强大的军事压力下，乌就屠接受了都护郑吉使者冯夫人的劝降，表示“愿得小号”。冯夫人锦车持节，诏乌就屠诣长罗侯赤谷城，立元贵靡为大昆弥，乌就屠为小昆弥，皆赐印绶。其后，乌就屠不尽归诸翕侯民众，汉复遣长罗侯惠将三校屯赤谷，因为分别其人民地界，大昆弥户 6 万余，小昆弥户四万余。可见，汉廷正是依靠强大的武力后盾才实现了对乌孙内乱的政治调停。

自东汉始，经过数十年的发展，并借中原内乱之机，西域地区先后崛起了莎车、焉耆、龟兹、车师等多个地区强权。它们往往自恃实力强大、远离中央，不服中央政令，兼并弱小，勾结匈奴，游离于汉匈之间，成为西域地区的不安定因素。为了及时清理这些因素，维护西域的社会稳定，在政治手段失效的情况下，利用军事手段打击这些霸权势力无疑是最有效力的选择。如永元六年（94），班超发龟兹、鄯善等八国兵合 7 万人及吏士贾客千四百人讨焉耆。延光四年（125），班勇发敦煌、张掖、酒泉 6000 骑及鄯善、疏勒、车师前部兵击后部王军就，捕得军就及匈奴持节使者。熹平四年（175），于窴王安国攻拘弥，大破之，杀其王，死者甚众。戊己校尉、西域长史各发兵辅立拘弥侍子定兴为王。

四、小结

综合以上论述可知，两汉在西域的统治虽以羁縻为主，但必要的军事征伐仍难以避免，特别是西域本为匈奴势力范围，匈奴在西域拥有绝对的地缘优势，西域也多有亲匈奴的势力。只有通过政治羁縻辅以军事威慑，才能有效控制西域，遏制匈奴势力入侵。自东汉以降，随着中原王朝国力的下降，西域一些地方政权乘机大大扩展了自身的实力，使得汉王朝在西域的统治除了继续面临匈奴的压力外，还受到地方霸权势力的威胁。处于此种情况下，对西域部分分离势力实施坚定的军事打击，无疑可以有效维护中央对西域的统治，同时也调解了西域地方与中央及域内诸国的矛盾，是维护西域社会稳定与边疆安稳的重要手段。

附　李广利远征大宛之役考辨

汉武帝在太初元年(前 104)到太初四年(前 101)间,曾两次派遣将军李广利远征大宛。经过这两次远征,不仅征服了大宛,取得了良种马,而且进一步增强了汉在西域的威望,相对抵消了匈奴势力在西域的影响。事实上也是如此,自大宛之役后,“诸所过小国闻宛破,皆使其子弟从入贡献,见天子,因以为质焉”[1]。《盐铁论·西域篇》对此亦有论述:

> 初贰师不克宛而还也,议者故使人主不遂忿,则西域皆瓦解而附于胡,胡得众国而益强。先帝绝奇听,行武威,还袭宛,宛举国以降,效其器物,致其宝马,乌孙之属骇胆,请为臣妾。匈奴失魄,奔走遁逃,虽未尽服,远处寒苦硗埆之地。[2]

此处虽多夸大之处,但绝非空穴来风。就其效果来看,伐宛战役的胜利,对西汉进一步控制西域,断匈奴右臂,确有重大战略意义。同时,西汉在征服大宛的基础上,将长城西端进一步延长,自敦煌一直向西修筑至盐泽,沿线多建烽燧亭障,并且在轮台、渠犁一带设置屯田,有田卒数百人,以使者校尉领护,为过往的使者提供保障。[3] 西汉在西域的势力获得了一个稳固的基地,同时也保障了汉与西域间的交通安全,在中西交通史上具有不可忽视的作用。

这场战役,是两汉历史上唯一的大规模远征西域的事例。此后,无论哪次用兵西域,在用兵规模上、时间上及劳师远征的距离上,都是难以企及的。学术界目前对这场战争的讨论,主要集中在其目的性和意义上,如余嘉锡、张维华、方豪、松田寿男、李开元、高荣、余太山、郝树声、赵汝清等学者,都对这场战争的

[1] [汉]班固:《汉书》卷六十一《张骞李广利传》,北京:中华书局,1962 年,第 2703 页。
[2] 王利器:《盐铁论校注(定本)》卷八《西域篇》,北京:中华书局,1992 年,第 500 页。
[3] [汉]班固:《汉书》卷九十六上《西域传》,北京:中华书局,1962 年,第 3873 页。

目的和意义进行过探讨。[1] 而对这场战争过程的探讨则较少，兹拟就李广利远征大宛的路线进行考证，通过还原战争的过程，以图更好理解这场战争的目的和意义。

一、大宛战前西汉与西域诸国的一般关系

汉朝与西域最早的交往，有明确记载的，是汉武帝时期。自汉武帝以后，汉与西域的交往得到迅速发展。但这时期汉与西域的交往，都与匈奴有一定的关系，也都具有遏制匈奴、打击匈奴的性质。具体到大宛战前，西汉王朝与西域诸国的一般关系，可分三点来说明。

(1)西汉王朝与西域诸国的政治关系尚处于遣使交通的初级阶段，西汉王朝并没有对西域诸国产生明显的政治影响。一方面，自张骞“凿空”西域以来，西域诸国与西汉王朝的交往更多集中在互遣使节，进行官方互访与商贸活动，除了乌孙与汉王朝有和亲关系以外，都不曾与西汉王朝发生较多的政治交集。事实上，各国在与西汉王朝交往的过程中，更多地看重的是经济利益，在政治上，各国仍旧奉行亲匈奴的政策，这一点在诸国针对汉使的态度上可见一斑。据《史记·大宛列传》相关资料记载，从大宛向西，多数国家认为距离汉廷遥远，对汉使采取了倨傲的态度。但对匈奴的态度则不然，由于匈奴在地缘上对西域诸国较之汉朝拥有更大的优势，且各国服属已久，是以“匈奴使持单于一信，则国国传送食，不敢留苦；及至汉使，非出币帛不得食，不市畜不得骑用”[2]。只是随着中原与西域的交往日益频繁，汉朝的财货大量输入，使得西域诸国认识到西汉王朝的富饶，汉朝的物品对诸国有着极大的吸引力。故此，西域诸国在

---

[1] 余嘉锡：《汉武伐大宛为改良马政考》，《余嘉锡论学杂著》上册，北京：中华书局，1963 年，第 175－180 页；张维华：《汉武帝伐大宛与方士思想》，载张维华《汉史论集》，济南：齐鲁书社，1980 年，第 340－355 页；方豪：《中西交通史》上册，长沙：岳麓书社，1987 年，第 103－107、113－119 页；[日]松田寿男：《古代天山历史地理学研究》，陈俊谋译，北京：中央民族学院出版社，1987 年，第 31 页；李开元：《论汉伐大宛和汉朝的西方政策》，《西北史地》1985 年第 1 期；高荣：《论汉武帝“图制匈奴” 战略与征伐大宛》，《西域研究》2009 年第 2 期；余太山：《塞种史研究》，北京：中国社会科学出版社，1992 年，第 81－82 页；郝树声：《浅论李广利伐大宛的功过是非》，《甘肃社会科学》2002 年第 4 期；赵汝清：《浅评李广利伐大宛在中西交通史上的作用——读〈史记·大宛列传〉》，《宁夏大学学报》1985 年第 2 期。

[2] [汉]司马迁：《史记(修订本)》卷一百二十三《大宛列传》，北京：中华书局，2014 年，第 3851－3852 页。

政治上亲附匈奴的同时，在经济上仍然同汉交往。只不过这种经济交往表现出了很大的不稳定性，当道诸国常在匈奴的唆使下攻杀汉使，抢劫财物。

另一方面，当西域初通时，汉朝的主要精力正用于对匈奴的反击，没有更多的力量投入西域方面。另外，在西域与汉朝之间尚有匈奴和西羌的阻隔，汉与西域之间的唯一通道就是汉朝刚刚夺得的河西走廊。而狭长的河西走廊地区很容易受到匈奴或羌人的攻击，加之西域地理形势的复杂和路途的遥远，故西汉王朝对西域的政治影响力十分有限。虽然元封三年（前 108）时，汉朝一度对地处西域东陲交通要冲而又亲匈奴的楼兰和姑师两国发动征伐，清除匈奴耳目维护进出西域的通道安全，并将边塞亭障修至玉门关以西，构建汉朝经营西域的前出基地，并一定程度上实现了“因举兵威以困乌孙、大宛之属”的战略目标；但这种武力征讨毕竟规模较小，对于远处西域腹地的诸国以西极其有限，各国针对汉朝“皆自以远，尚骄恣晏然”的政治态度并未发生太大的变化。

（2）西汉王朝在与西域诸国的交往中奉行厚往薄来的“厚赂”政策。这一政策的实施，是由张骞最早向汉武帝提起的。张骞在第一次出使西域的过程中，认识到当时西域的情况是“兵弱，贵汉财物”，虽不乏诸如月氏、康居及乌孙等军事强国，但仍然“可以赂遗设利朝也”。得到了张骞的报告之后，汉武帝对于沟通大宛诸国产生了浓厚的兴趣[1]，只是当时河西走廊仍在匈奴的控制之下，而南部的羌人部落也多与匈奴勾结，汉武帝的愿望一时难以实现。

不过这一窘况并未持续太久，元狩二年（前 121），汉武帝为了夺取水草丰美的河西，同时隔断匈奴与羌人的联系，便以霍去病为将，两次进兵河西，打击匈奴在河西的势力，终于迫降浑邪王等部，控制了河西咽喉之地，打通了通往西域的道路。于是，“金城、河西并南山至盐泽，空无匈奴。匈奴时有候者到，而希矣”[2]。汉朝西北边防的压力大大减轻，史称：“汉既得浑邪王地，陇西、北地、上郡益少胡寇，诏减三郡戍卒之半，以宽天下之徭。”[3]元狩四年（前 119），汉匈双方主力又于漠北决战，匈奴主力遭受重创，原匈奴控制下的乌桓等与国，也乘机脱离了匈奴的控制，转而归附汉朝。匈奴在丧失了对漠南的控制力后，只得收缩战线，远遁漠北，从此“漠南无王庭”。

---

[1] [汉]班固：《汉书》卷九十六上《西域传》，北京：中华书局，1962 年，第 3876 页。

[2] [汉]班固：《汉书》卷六十一《张骞李广利传》，北京：中华书局，1962 年，第 2691 页。

[3] [宋]司马光：《资治通鉴》卷十九，武帝元狩三年秋条，北京：中华书局，1956 年，第 636 页。

这一系列胜利的取得，为汉武帝经营西域创造了条件。于是在元狩四年(前 119)，命张骞再度出使西域。与前次出使不同的是，这次通往西域的道路基本上为汉所控制，不必担心匈奴的阻截，同时带有大量的财物和使节，对西域以“厚赂”策略为主的经济攻势正式拉开了序幕。

张骞到乌孙后，乌孙王昆莫以单于自居，据《史记·大宛列传》记载：

> 骞既至乌孙，乌孙王昆莫见汉使如单于礼，骞大惭，知蛮夷贪，乃曰：“天子致赐，王不拜则还赐。”昆莫起拜赐，其他如故。[1]

这段资料，一方面说明西域诸国对汉的了解还不够充分，对汉使持有轻视的态度；另一方面，也说明西域诸国，即便是乌孙这样的大国，都贪恋汉的财货，对其实施“厚赂”的笼络政策是行之有效的。虽然，张骞此行“未能得其决”，但随同张骞回访的乌孙使者见识到了汉的“富厚”“归其国，其国乃益重汉”[2]。

张骞回国后，他派往大夏等国的副使也陆续带着大批回访的外国使者回到长安，从此，汉朝逐步与西域诸国建立了联系。以此为契机，每年汉朝都派遣大批使者，携带大量财物出使西域，同时西域使者也频频回访，甚或主动访汉。面对如此形势，武帝更是不失时机地加大经济攻势，“散财帛以赏赐，厚具以饶给之，以览示汉富厚焉”，力图通过经济优势“倾骇”西域诸国。[3]

汉朝这种“厚赂”的经济策略，尽管在拉拢西域诸国背匈亲汉方面发挥了一定的作用，但远远未达到汉朝预期的效果。正如笔者前文分析的那样，西域诸国在地理位置上更接近匈奴，而距离汉朝较远，故而各国往往自恃“远汉”，依旧在政治上亲近匈奴，对汉廷采取不友好的态度。同时，随着中原与西域的交往日益频繁，汉朝的财货大量输入，使得西域诸国“饶汉物”，汉朝的物品逐渐失去了吸引力。大量财物的输出，也在一定程度上造成了汉朝的经济负担。即使是这样，也不能完全否认“厚赂”策略对西域的“凿空”作用。事实也证明，这一策略的实施，增进了汉朝对西域的了解，为汉朝进一步经营西域奠定了基础。

---

[1] [汉]司马迁：《史记(修订本)》卷一百二十三《大宛列传》，北京：中华书局，2014 年，第 3846 页。

[2] [汉]司马迁：《史记(修订本)》卷一百二十三《大宛列传》，北京：中华书局，2014 年，第 3847 页。

[3] [汉]司马迁：《史记(修订本)》卷一百二十三《大宛列传》，北京：中华书局，2014 年，第 3851 页。

(3)西汉王朝与西域诸国的交往，其核心目的在于遏制和打击匈奴。汉武帝制定通西域战略之初，即着眼于联合与匈奴有仇的月氏，劝说他们与汉联合，共同抗击匈奴。但是实际上，这时的月氏已为乌孙击败，从塞地南迁，而汉朝君臣当时并不清楚，仍以为大月氏还在塞地，即伊犁河流域。于是，在建元三年(前 138)汉武帝派张骞出使西域，试图说服大月氏与汉廷结盟，共击匈奴，实现"灭胡"的战略目的。

然而，大月氏在西迁之后，"既臣大夏而君之，地肥饶，少寇，志安乐，又自以远于汉，殊无报胡之心"[1]。故张骞此行可以说是不得要领，并没能实现汉廷的目的。但此次毕竟是汉廷的使者第一次进入西域，对西域的情况有了具体的了解，其"凿空"的功绩不容忽视。归国后，张骞结合自己在西域的亲历，转而建议汉廷将联合对象由大月氏转为乌孙，一旦实现与乌孙的结盟，则"其势易听，听则是断匈奴右臂也。既连乌孙，自其西大夏之属皆可招来而为外臣"[2]。

于是，元狩四年(前 119)，汉政府即遣张骞出使乌孙。其目的，一是想说服乌孙，使其东返河西故地；二是想使乌孙断绝与匈奴的关系，与汉朝结成联盟，共同抵抗匈奴；三是以此来影响西域和中亚各国，使他们"为外臣"，打开汉朝与中亚、西亚等地进行交往的通道。总的来说，其主要目标仍然是打击和削弱匈奴，即所谓"断匈奴右臂"。

这次张骞出使的条件与第一次大不相同。当时河西已设郡，匈奴遭到很大打击，"南山至盐泽，空无匈奴"。张骞这次出使时，他自己的政治地位也有很大变化。元朔六年(前 123)，他被封为博望侯，这次出使，又以中郎将，即侍卫之首的官衔为汉朝使臣，带人众三百，每人携马二匹，牛羊数万，"资金币帛直数千钜万"，并任命了许多持节副使，派往乌孙附近各国。从这次出使的规模即可看出，汉朝政府决心完成这次通使活动，并且就其目标来看，也并不仅仅局限于乌孙。

张骞到达乌孙后，乌孙昆莫对张骞关于与汉和好的建议并不热心，但仍热情接待了汉使的到来，并派出大批译者和向导陪同汉朝副使到大宛、康居、大夏、大月氏等地。这次出使，就劝说乌孙返回河西，联合打击匈奴这个具体目的来说，并未达到，但张骞返回时，乌孙昆莫派出使臣，随张骞返汉，了解汉朝的虚

[1] [汉]班固:《汉书》卷六十一《张骞李广利传》，北京:中华书局，1962 年，第 2688 页。

[2] [汉]司马迁:《史记(修订本)》卷一百二十三《大宛列传》，北京:中华书局，2014 年，第 3846 页。

实，并送乌孙马数十匹，以答谢汉朝政府。特别是张骞所派各位副使，到达中亚各地以后，向各国表达汉朝愿意与他们友好交往的愿望，宣传了汉朝的国威与中原文化，在中亚及西域各地引起了极大的震动。

张骞回长安后一年多，即大约在汉武帝元鼎三年（前 114）去世。派往中亚各地的副使，与当地政府的使臣，始陆续来到长安，于是西域诸国始通于汉。

二、李广利两伐大宛的战争进程与行军路线考

从元狩四年（前 119）张骞再通西域到元封三年（前 108）这段时间内，形势已经发生了很大的变化。首先，汉匈之间的攻守发生了逆转，匈奴的势力被迫西移，西域作为匈奴补给地的重要性更为突出，为了进一步打击匈奴，汉朝就必须加大对西域的控制。其次，西域诸国普遍认为距汉遥远，汉朝兵锋难及，且汉使多数携有巨额的财富而又缺少保护，无论是出于对汉物的贪婪，还是畏于匈奴的势力，攻劫汉使的事件经常发生；而汉使是朝廷的象征，攻杀汉使无疑等同于对汉朝的挑衅，这对于一心希望争取西域对付匈奴的汉武帝而言是不能容忍的。最后，也是最重要的一条是元鼎到元封年间，汉匈双方实际上处于停战阶段，使得汉武帝能够腾出手来重新整合国内资源。利用这段时间，汉武帝不光通过新的经济政策积累了大量的财富，而且通过对朝鲜和南越的征伐，稳定了边疆，对河西地区的开发也达到了一定的高度，这一切都为汉武帝用兵西域提供了雄厚的物质基础。在以上种种情势下，征伐西域成为汉武帝必然的选择。

自元封三年（前 108）起，汉朝的兵锋正式指向西域，首当其冲的是地处交通要冲而又亲匈奴的楼兰和姑师两国。但正如前文所分析的那样，这次用兵规模较小，影响有限，西域诸国对汉的态度依然消极，地处西域腹地的大宛便于此后不久再次与西汉王朝起了冲突。

大宛是汉代西域大国，其地即今中亚费尔干纳盆地，首都贵山城，当时人口有 6 万户，30 多万人，胜兵 6 万，所辖 70 余城，是西域大国。大宛盛产葡萄、苜蓿，以汗血马、葡萄酒名世。张骞第一次至西域，从匈奴处逃出后，最先到达大宛，受到大宛王的盛情款待。张骞第二次通西域时，也派副使到大宛进行联系，副使返回时，大宛王亦派使者携带大宛特产和名马——汗血马来到长安。大宛汗血马引起武帝和西汉朝廷的极大兴趣。张骞第一次出使西城返回时，乌孙曾随献乌孙马于武帝，武帝命名其为“天马”，及见大宛使者所献汗血马，较乌孙马又胜一筹，即改乌孙马为“西极马”，而以“天马”名大宛马。武帝又听说大宛还

有更好的马，藏匿于贰师城中，遂于元封六年（前 105），派壮士车令等持千金及金马出使大宛，换取贰师城中更好的“天马”，但遭到大宛王的拒绝。汉使遂将金马砸碎，愤愤而还。经大宛郁成城时，汉使为郁成王所杀。消息传至长安，武帝十分震怒，遂命李广利率军讨伐大宛。

武帝太初元年（前 104），李广利率属国军六千骑，及郡国恶少数万往征大宛。因此次战役的主要目标是攻克贰师城，获取天马，所以李广利被称为“贰师将军”。

征伐大宛之役共有两次。关于李广利第一次伐大宛的过程，史籍上记载得相当简洁。根据《史记》的记载，李广利的大军在向西越过盐水之后，便很难从当道诸国那里获得补给。这些当道国家或出于恐惧，大多采取闭城坚守的政策，不肯向汉军提供粮食。汉军为了获得补给，只得攻城。然而限于汉军兵力有限，往往难以攻克坚固的城池。于是造成了“下者得食，不下者数日则去。比至郁成，士至者不过数千，皆饥罢”的局面。其后疲敝的汉军在攻打郁成时，又为郁成所败，死伤甚众。“贰师将军与哆、始成等计：‘至郁成尚不能举，况至其王都乎？’引兵而还，往来二岁。还至敦煌，士不过什一二。”[1]

单纯依据《史记》的记载，难以得出李广利出征路线的详细结论，但若结合现代考古发现来看，不难发现西汉时期通西域的道路主要有南北两条，北道从玉门出发，经楼兰、姑师，向西过焉耆、轮台、龟兹、姑墨、温宿，出葱岭到达大宛。南路出玉门（或阳关）过楼兰，向西南到达且末、于窴，再折向北到达疏勒，然后出葱岭。《史记》同卷中对大宛谋划的记载也证明了这点，其文云：“宛国饶汉财物，相与谋曰：‘汉去我远，而盐水中数败，出其北有胡寇，出其南乏水草。又且往往而绝邑，乏食者多。’”[2]结合“贰师将军军既西过盐水，当道小国恐，各坚城守，不肯给食。……比至郁成，士至者不过数千，皆饥罢”的记载，李广利伐大宛所行之路，必是由玉门关西北行，过龙堆，经罗布泊北岸，到达楼兰。然后沿南道，经且末、于窴、莎车，再折向北到达疏勒，然后出葱岭，比至郁成城下。

之所以做此判断，在于南道远离匈奴，比较安全，在很长时间里是汉朝与西域交通的主要路线。即使在大宛之役的多年后，汉朝去大宛的使者仍旧多行南

[1] [汉]司马迁：《史记（修订本）》卷一百二十三《大宛列传》，北京：中华书局，2014 年，第 3853－3854 页。

[2] [汉]司马迁：《史记（修订本）》卷一百二十三《大宛列传》，北京：中华书局，2014 年，第 3852 页。

道，如元康元年（前 65）冯奉世送大宛客并平定莎车叛乱所行便为南道。而直到西汉中后期，大宛、康居等国来华贡献与贸易的使者商旅，仍沿南道东往中原，成帝时的西域都护郭舜在上奏朝廷的奏疏中提道“敦煌、酒泉小郡及南道八国，给使者往来人马驴囊驼食，皆苦之”[1]便是明证。

由于准备不足和骄傲轻敌，这次远征以失败告终。而导致这次失败的直接原因是食物缺乏，正如李广利自己总结的那样：“道远，多乏食，且士卒不患战而患饥。”[2]而究其深层次的原因，则在于匈奴在西域的势力仍旧强大，当道各国或迫于匈奴的压力，或以为距汉遥远，都拒绝为汉军提供给养。同时，汉军为避匈奴锋芒，在选择行军路线时，并没有选择较为便捷的北道，而是选择了南道西进。这一路虽然避开了匈奴在西域的势力，但却大大增加了行军难度，且所过多绝域，物质补给困难，这也是造成汉军大量减员的原因。

正是这次失败的远征，使汉武帝认识到汉朝在西域势力的薄弱及匈奴势力的强大，更认识到了征服大宛的重要性。因为只有征服大宛，才能建立汉朝在西域的威信，否则的话，不仅国家尊严尽失，而且此前对西域的经营前功尽弃，更重要的是破坏了汉武帝“断匈奴右臂”的战略布局。于是武帝不顾群臣的反对及赵破奴两万没于匈奴的丧师之痛，于太初三年（前 102）再次命李广利征伐大宛。

此次远征大宛的成败，关系着汉朝在西域的经营，更关系着汉武帝“图制匈奴”的大战略，因此这次远征的准备工作做得十分充分。不仅发 6 万大军到敦煌，并调拨数万牛马等物补充汉军。同时为了防备匈奴乘虚南下，又在河西增兵 18 万，在张掖北部设居延、休屠二县，以捍卫酒泉。为保证这次出征的胜利，组织了庞大的后勤供应线，运输车马自长安至敦煌“相连属”，致使“天下骚动”。又专门选派两位养马人为“执驱马校尉”，准备攻破大宛后挑选和押运天马。

这样，李广利带领着一支阵容庞大的远征军，再次踏上了西征的道路。这次，李广利无须担心匈奴的阻截和粮草给养问题，故《汉书·西域传》称“贰师将军击大宛，匈奴欲遮之。贰师兵盛不敢当”，而当道小国“莫不迎，出食给军”[3]。

在这种情况下，汉军在行军路线的选择上便有了很大的余地。关于这次战

[1] [汉]班固：《汉书》卷九十六上《西域传》，北京：中华书局，1962 年，第 3893 页。

[2] [汉]班固：《汉书》卷六十一《张骞李广利传》，北京：中华书局，1962 年，第 2699 页。

[3] [汉]班固：《汉书》卷九十六上《西域传》，北京：中华书局，1962 年，第 3877 页。

争的记载，较第一次更为详细，《史记·大宛列传》对这次战争经过有以下记载：

> 于是贰师后复行，兵多，而所至小国莫不迎，出食给军。至仑头，仑头不下，攻数日，屠之。自此而西，平行至宛城，汉兵到者三万人。宛兵迎击汉兵，汉兵射败之，宛走入葆乘其城。贰师兵欲行攻郁成，恐留行而令宛益生诈，乃先至宛，决其水源，移之，则宛固已忧困。围其城，攻之四十余日，其外城坏，虏宛贵人勇将煎靡。宛大恐，走入中城。[1]

通过这段史料，能够看到李广利此次出征经过了北道的仑头，然后向西"平行至宛城"，同传又有"初，贰师起敦煌西，以为人多，道上国不能食，乃分为数军，从南北道"的记载[2]，可以肯定这次李广利所走的必然是北道无疑。据殷晴在《汉代丝路南北道研究》一文中的考证，西汉时的北道又称"东西道"，是中西交通的主干道，其大体走向是自敦煌西北行出玉门关到楼兰，然后折向西北，过山国、车师，行至尉犁或焉耆接上北干道。[3] 这样，此次李广利出师的路线大致是从玉门关出发，过白龙堆、盐泽至楼兰，再西北行，经山国、车师，行至尉犁或焉耆，之后沿北道主干道直西经轮台（仑头）、龟兹、姑墨、温宿，出葱岭到达大宛。

由于这次兵力雄厚且准备充足，大宛在抵抗失败之后，很快便与李广利达成了城下之盟。随后上官桀也攻陷了郁成，诛杀了首恶郁成王，大军凯旋。关于李广利回军的路线，无论《史记》还是《汉书》，在大宛和李广利的传记中均无记载。倒是《汉书·西域传》在叙述宣帝时事的时候提道："初，贰师将军李广利击大宛，还过杅弥，杅弥遣太子赖丹为质于龟兹，广利责龟兹曰：'外国皆臣属于汉，龟兹何以得受杅弥质？'即将赖丹入至京师。"[4]这里明确记载了李广利伐大宛还过杅弥。汉时的杅弥地处南道，据《汉书·西域传》的描述："杅弥国，王治杅弥城，去长安九千二百八十里。户三千三百四十，口二万四十……东北至都护治所三千五百五十三里，南与渠勒、东北与龟兹、西北与姑墨接，西通于窴

[1] [汉]司马迁：《史记（修订本）》卷一百二十三《大宛列传》，北京：中华书局，2014 年，第 3855 页。

[2] [汉]司马迁：《史记（修订本）》卷一百二十三《大宛列传》，北京：中华书局，2014 年，第 3856 页。

[3] 殷晴：《汉代丝路南北道研究》，《新疆社会科学》2010 年第 1 期，第 121—128 页。

[4] [汉]班固：《汉书》卷九十六下《西域传》，北京：中华书局，1962 年，第 3916 页。

三百九十里。今名宁弥。”[1]据周兴佳等人的考证，扜弥境内有克里雅河，北流龟兹，并汇入北河即塔里木河。[2] 同时，根据殷晴先生的考证，历史时期，两地沿河谷多有人员往来。[3]

这样看来，李广利回师时似乎走的是南道，但又存在着问题，即李广利既在南道，又怎能责问北道的龟兹并将在龟兹的赖丹带回京师。对此，有的学者认为李广利所走其实还是北道。清代学者徐松在《汉书西域传补注》中认为：“贰师后行攻轮台还，过龟兹，在北道，而过扜弥者，扜弥东北接龟兹。”余太山对此则提出相左的意见，即李广利返回走的是南道，对龟兹是“遣使相责”[4]。这两种说法都有可能性，但可能性又都不大。徐松的说法过于模糊，存在两种可能：一种可能是李广利直接走北道，所以经过扜弥，是因为扜弥东北与龟兹相接；另一种可能是先走北道，抵龟兹后，沿克里雅河南下经扜弥抵达南道，再从南道的于窴、且末、若羌入玉门关或阳关归国。案，汉军之插手扜弥与龟兹的事务，当非偶然为之，必是李广利与扜弥王室有过接触后做出的决定。因此，汉军肯定不是仅仅在扜弥东北过境而已。另汉军也不可能走南道后段，即于窴—且末—若羌，这一线环境恶劣，“出其南乏水草，又且往往而绝邑，乏食者多”，且长达3000余里，沿路国少民稀，像且末，人口才1000余人。600年后北魏名僧宋云曾路过此地，仍见这里“城中居民可有百家，土地无雨，决水种麦，不知用牛，耒耜而田”[5]，比北道的龟兹、车师的交通条件相差甚远。而余太山的观点似乎也不可取，虽然大宛之役使李广利声威大震，但远远没达到仅凭一介使者就可以使龟兹将赖丹送至军中的程度，如若没有大军压境的逼迫是不可能的，因为迟至昭帝时，龟兹尚敢攻杀汉朝派往屯田的校尉，由此可窥一斑。

既然这两条路线都说不通，那么李广利返程很可能走的是第三条路线，即先走南道，然后自于窴沿克里雅河北上经扜弥到达北道的龟兹，再从北道东段归国。《汉书》说龟兹“西南与扜弥”接，证实了两地可通。另据《北史·高昌传》记载：“昔汉武遣兵西讨，师旅顿弊，其中尤困者因住焉。地势高敞，人庶昌盛，

[1] [汉]班固：《汉书》卷九十六上《西域传》，北京：中华书局，1962年，第3880页。

[2] 周兴佳等：《克里雅河及塔克拉玛干科学探险考察报告》，北京：中国科学技术出版社，1991年。

[3] 殷晴：《古代新疆的南北交通及经济文化交流》，《新疆经济开发史研究（下）》，乌鲁木齐：新疆人民出版社，1995年，第251页。

[4] 余太山：《塞种史研究》，北京：中国社会科学出版社，1992年，第80页。

[5] [北魏]杨衒之撰，周祖谟校释：《洛阳伽蓝记校释》，北京：中华书局，1965年，第185页。

因名高昌。”[1]文中的“汉武遣兵西讨”所指应该就是李广利伐大宛之役。高昌在今吐鲁番，距车师王城很近。可见，李广利曾将一批伤病员安置在车师附近。这也从侧面证实了李广利返回时曾打北道东段走过。

这条路线虽比一直走北道多费周折，路程长出不少，但可以最大限度地避开荒凉的无人区，基本将人烟稠密的地方都走了一遍，向尽可能多的西域国家宣扬大汉的威德。同时，当时正是暮冬初春的季节，冬季的北道比南道要寒冷10℃以上。因此从气候上考虑，先南后北的选择也是最合理的。

三、大宛之役的战略意义

李广利两伐大宛，历时四年，倾全国之力，调十数万之众，远征数千公里。结果十数万将士抛骨荒野，只有几千人生还，获善马数十匹。但这次战争的意义远不止此。

在李广利伐大宛以前，西域地区处于匈奴的控制之下，西域丰富的物产长期以来是匈奴重要的财力支撑，这一点在匈奴失去漠南和河西地区后更加明显。对于汉朝来说，欲巩固西北边防，首先必须解决西域的归属问题。如果不能有效控制西域，则河西不宁。因此汉武帝很早便认识到了西域的重要性，只有控制西域，才能从根本上转变汉在西北的战略劣势，实现“断匈奴右臂”的战略目的。汉武帝两次派张骞出使西域，不惜以重金贿赂西域诸国，就是为了拉拢诸如大月氏和乌孙这样的西域强国，削弱匈奴的力量。

然而张骞在西域的活动，均“不得要领”，没有达到预期效果。以乌孙为例，乌孙位于今天山以北伊犁河流域，是西域地区实力雄厚的大国，但“乌孙远汉，未知其大小，又近匈奴，服属日久，其大臣皆不欲徙”[2]。后虽了解了汉的情况，也对汉朝表现出了友好的姿态，但仍旧在汉匈之间保持两属的态度。其后，汉使者频繁进入西域，以财帛厚赂诸国，不过效果有限，且匈奴骑兵处处遮劫，西域各国也往往留苦汉使。据史书记载，“匈奴使持单于一信到国，国传送食，不敢留苦。及至汉使，非出币物不得食，不市畜不得骑，所以然者，以远汉，而汉多财物，故必市乃得所欲”[3]。由于汉朝的势力并未真正深入西域，西域各国

[1] [唐]李延寿:《北史》卷九十七《西域・高昌传》，北京:中华书局，1974年，第3212页。
[2] [汉]班固:《汉书》卷九十六下《西域传》，北京:中华书局，1962年，第3902页。
[3] [汉]班固:《汉书》卷九十六上《西域传》，北京:中华书局，1962年，第3896页。

均采取亲匈奴而远汉的策略。

认识到了这一点，汉武帝曾于元封三年（前108）派赵破奴虏楼兰王，破姑师，对西域起到了一定的震慑作用，但影响范围不广，危须以西仍旧对汉不甚亲近。而大宛作为西域大国，其一举一动都会对周边国家产生很大的影响，因此，其是汉朝争取的重要国家之一。但不幸的是，因汉使求马所导致的冲突，使大宛走向了汉朝的对立面，并且凭借远汉的优势，竟联合危须以西诸国，勾结匈奴，攻杀汉使，使东西道路一时隔绝。这是汉武帝所不能忍受的，如若任其发展，此前的经营将覆水东流，征伐大宛成为必须和唯一的选择，正如田余庆先生所说，虽然伐大宛并不是必要的，但“从汉武帝向西开边的阶段和步骤考察，是多年以来汉朝军事战略上步步行动的必然结果，而不只是汉武帝一时的物欲所致”[1]。

至于司马迁所谓“天子既好善马”“而欲侯宠姬李氏，拜李广利为贰师将军”“期至贰师城取善马”等动机，在事实上也是存在的，但只是表层现象。“侯李氏”的方法有很多种，未必需要通过远征绝域来实现。而“取善马”并不是单纯因为武帝的个人喜好，更多是为了改良马种，发展骑兵，巩固边防建设。

从此次伐大宛的结果来看，基本实现了最初的战略目标，意义重大，主要表现在以下几个方面。

其一，打击了匈奴在西域的势力。在此之前，中亚和西域各国虽愿意与汉通使、交易，但各地都以离汉朝远，距匈奴近，而且匈奴势力大，不得不依附于匈奴。许多小国还倚仗匈奴势力，欺侮汉使。前文所引《汉书》记载，“匈奴使持单于一信到国，国传送食，不敢留苦。及至汉使，非出币物不得食，不市畜不得骑”。大宛之所以拒绝汉使用金马换大宛马，就是因为大宛害怕匈奴不满，并倚仗匈奴之势劫杀汉使。这次李广利用兵，匈奴不敢直接出面干涉，使匈奴形象在中亚和西域大受损害，中亚和西域各国均派子弟使臣随军到长安为质。

其二，实现了“兵据西域，夺之便势之地，以候其变”[2]的“困胡”战略目标。“汉既诛大宛，威震外国”，汉朝的威望坚实地树立起来，使西域诸国认识到了汉朝的国力之盛与军力之强，从此“思汉威德，咸乐内属”[3]，为西域地区的内附奠定了基础。以乌孙为例，张骞第二次出使旨在联合乌孙“以制匈奴”，但“乌孙

[1] 田余庆：《秦汉魏晋史探微》（重订本），北京：中华书局，2004年，第45页。

[2] 王利器：《盐铁论校注》卷八《伐功》，北京：中华书局，1992年，第495页。

[3] [汉]班固：《汉书》卷九十六下《西域传》，北京：中华书局，1962年，第3930页。

远汉，未知其大小，又近匈奴，服属日久，其大臣皆不欲徙”。与汉和亲后仍与匈奴和亲，并将匈奴女的地位置于汉公主之上。等到汉军攻破大宛后，乌孙完全倒向了汉朝，“请为臣妾”[1]。以致到汉昭、宣之际，乌孙屡次上书汉朝，表示愿意与汉朝合作，甚至提出“发国半精兵，自给人马五万骑，尽力击匈奴”的请求。[2] 乌孙由最初依附匈奴，继而两属于汉匈之间，到后来主动与汉朝联合，共击匈奴。其对汉与匈奴态度的巨大转变，充分说明了汉朝对西域的影响力已经超越了匈奴。

其三，这次用兵，促进了中西方的经济与文化交流。“自敦煌西至盐泽往往起亭，而轮台、渠犁皆有田卒数百人。置使者校尉领护，以给使外国者。”[3]这些屯田，就其性质而言，大多属于军屯，汉朝在赋予其军事作战职能之外，还赋予了其维护西域丝路畅通的任务。正是屯垦的兴起，方始有效地保护了中西交通的畅行，自此中外使者商贾来往不绝，中西经济文化交流日趋深入，西域作为中外经济文化交流的桥梁作用得以充分体现。同时，“使者校尉”作为汉朝政府在西域设立的最早的官员，也对以后汉朝与西域各族关系的发展，具有十分重大的意义。

---

[1] 王利器：《盐铁论校注》卷八《西域》，北京：中华书局，1992 年，第 500 页。

[2] [汉]班固：《汉书》卷七十《常惠传》，北京：中华书局，1962 年，第 3003 页；[汉]班固：《汉书》卷九十四上《匈奴传》，北京：中华书局，1962 年，第 3785 页；[汉]班固：《汉书》卷九十六下《西域传》，北京：中华书局，1962 年，第 3785、3905 页。

[3] [汉]司马迁：《史记(修订本)》卷一百二十三《大宛列传》，北京：中华书局，2014 年，第 3857 页。

参考文献

一、古籍资料

[1][汉]司马迁.史记(修订本)[M].北京:中华书局,2014.

[2][汉]班固.汉书[M].北京:中华书局,1962.

[3][汉]荀悦.汉纪[M].北京:中华书局,2002.

[4][晋]陈寿撰,陈乃乾校点.三国志[M].北京:中华书局,1959.

[5][晋]袁宏.后汉纪[M].北京:中华书局,2002.

[6][南朝宋]范晔.后汉书[M].北京:中华书局,1965.

[7][梁]萧统编,[唐]李善注.文选[M].上海:上海古籍出版社,1986.

[8][北魏]杨衒之撰,周祖谟校释.洛阳伽蓝记校释[M].北京:中华书局,1965.

[9][北魏]郦道元著,陈桥驿校证.水经注校证[M].北京:中华书局,2007.

[10][唐]杜佑.通典[M].北京:中华书局,1988.

[11][唐]李延寿.北史[M].北京:中华书局,1974.

[12][唐]魏徵,令狐德棻.隋书[M].北京:中华书局,1973.

[13][唐]杜环.经行记[M]//中国西北文献丛书(第106册).兰州:兰州古籍出版社,2003.

[14][唐]李吉甫撰,贺次君点校.元和郡县图志[M].北京:中华书局,1983.

[15][后晋]刘昫等.旧唐书[M].北京:中华书局,1975.

[16][宋]李昉编纂,夏剑钦校点.太平御览[M].石家庄:河北教育出版社,1994.

[17][宋]欧阳修,宋祁.新唐书[M].北京:中华书局,1975.

[18][宋]司马光.资治通鉴[M].北京:中华书局,1956.

[19][宋]王钦若等编纂,周勋初等校订.册府元龟(校订本)[M].南京:凤凰出版社,2006.

[20][元]马端临著,上海师范大学古籍研究所、华东师范大学古籍研究所点校.文献通考[M].北京:中华书局,2011.

[21][清]徐松.汉书西域传补注[M].北京:中华书局,1985.

[22][清]徐松著,朱玉麟整理.西域水道记(外二种)[M].北京:中华书局,2005.

[23][清]孙星衍辑,周天游点校.汉官六种[M].北京:中华书局,1990.

[24][清]王先谦.汉书补注[M].北京:中华书局,1983.

[25][清]王念孙.读书杂志[M].北京:中国书店,1985.

[26][清]李光廷.汉西域图考[M]//中国西北文献丛书(第102册).兰州:兰州古籍出版社,2003.

[27][清]祁韵士.西域释地[M]//中国西北文献丛书(第102册).兰州:兰州古籍出版社,2003.

[28][清]齐召南.西域诸水编[M]//中国西北文献丛书(第67册).兰州:兰州古籍出版社,2003.

[29][清]谢济世.西北域记[M]//中国西北文献丛书(第79册).兰州:兰州古籍出版社,2003.

[30][清]徐崇立.西域舆地三种汇刻[M]//中国西北文献丛书(第103册).兰州:兰州古籍出版社,2003.

[31][清]严可均.全上古三代秦汉三国六朝文[M].北京:中华书局,1958.

[32][清]顾祖禹.读史方舆纪要[M].上海:上海书店出版社,1998.

[33][清]阮元.十三经注疏[M].北京:中华书局,1980.

二、考古资料

[1]山西文管会.山西平陆枣园村壁画汉墓[J].考古,1959(9).

[2]史树青.谈新疆民丰尼雅遗址[J].文物,1962(7—8).

[3]林梅村,李均明.疏勒河流域出土汉简[M].北京:文物出版社,1984.

[4]林梅村.秦汉魏晋出土文献:楼兰尼雅出土文书[M].北京:文物出版社,1985.

[5]陈直.居延汉简研究[M].天津:天津古籍出版社,1986.
[6]谢桂华,李均明等.居延汉简释文合校[M].北京:文物出版社,1987.
[7]新疆社会科学院.尼雅考古资料[M].乌鲁木齐:新疆社会科学院考古研究所,1988.
[8]甘肃文物考古研究所.居延汉简释粹[M].兰州:兰州大学出版社,1988.
[9]黄文弼.罗布淖尔汉简考释[M]//黄烈.黄文弼历史考古论集.北京:文物出版社,1989.
[10]甘肃文物考古研究所等.居延新简:甲渠候官与第四燧[M].北京:文物出版社,1990.
[11]李均明,何双全.散见简牍合辑[M].北京:文物出版社,1990.
[12]马雍.汉龟兹左将军刘平国作亭诵集释考订[M]//西北史地文物丛考.北京:文物出版社,1990.
[13]甘肃文物考古研究所.敦煌汉简[M].北京:中华书局,1991.
[14]吴礽骧.敦煌马圈湾汉代烽燧遗址发掘报告·伍·简牍[M]//甘肃省文物考古研究所编.敦煌汉简(下册).北京:中华书局,1991:67—89.
[15]吴礽骧,李永良,马建华释校.敦煌汉简释文[M].兰州:甘肃人民出版社,1991.
[16]甘肃文物考古研究所等.居延新简:甲渠候官[M].北京:中华书局,1994.
[17]林梅村.汉道精绝国与尼雅遗址[J].文物,1996(12).
[18]王樾.略说尼雅发现的“仓颉篇”汉简[J].西域研究,1998(4).
[19]罗振玉,王国维.流沙坠简[M].北京:中华书局,1999.
[20]甘肃文物考古研究所.甘肃敦煌汉代悬泉遗址发掘简报[J].文物,2000(5).
[21]胡平生,张德芳.敦煌悬泉汉简释粹[M].上海:上海古籍出版社,2001.
[22]中国简牍集成编辑委员会.中国简牍集成[M].兰州:甘肃敦煌文艺出版社,2001.
[23]魏坚.额济纳汉简[M].南宁:广西师范大学出版社,2005.

三、论著

(一)国内著作

[1]吴卓信.汉书地理志补注[M]//廿五史补编.北京:中华书局,1935.

[2]陈澧.汉书地理志水道图说[M]//廿五史补编.北京:中华书局,1935.
[3]吴承志.汉书地理志水道图说补正[M]//廿五史补编.北京:中华书局,1935.
[4]吕调阳.汉书地理志详释[M]//廿五史补编.北京:中华书局,1935.
[5]杨守敬.汉书地理志补校[M]//廿五史补编.北京:中华书局,1935.
[6]曾问吾.中国经营西域史[M].北京:商务印书馆,1936.
[7]纪庸.汉代对匈奴的防御战争[M].北京:新知识出版社,1955.
[8]历史语言研究所.历史语言研究所集刊[M].台北:历史语言研究所,1956.
[9]余嘉锡.余嘉锡论学杂著[M].北京:中华书局,1963.
[10]谭宗义.汉代国内陆路交通考[M].香港:香港新亚研究所,1967.
[11]王恢.中国历史地理(上册)[M].台北:台湾学生书局,1976.
[12]劳幹.劳幹学术论文集甲编[M].台北:艺文印书馆,1976.
[13]张春树.汉代边疆史论集[M].台北:食货出版社,1977.
[14]林幹.匈奴史[M].呼和浩特:内蒙古人民出版社,1977.
[15]张春树.古代屯田制度的原始与西汉河西、西域边塞上屯田制度之发展过程[M]//屈万里先生七秩荣庆论文集.台北:联经出版事业公司,1978.
[16]安作璋.两汉与西域关系史[M].济南:齐鲁书社,1979.
[17]陈直.汉书新证[M].天津:天津人民出版社,1979.
[18]辞海编辑委员会.辞海[M].上海:上海辞书出版社,1979.
[19]张维华.汉史论集[M].济南:齐鲁书社,1980.
[20]中国地图出版社.汉代中外交通图[M].北京:中国地图出版社,1980.
[21]姚大中.古代北西中国[M].台北:三民书局印行,1981.
[22]杨建新,卢苇.丝绸之路[M].兰州:甘肃人民出版社,1981.
[23]黄文弼.西北史地论丛[M].上海:上海人民出版社,1981.
[24]刘义棠.中国边疆民族史[M].台北:中华书局,1982.
[25]谭其骧.中国历史地图集(第二册:秦·西汉·东汉时期)[M].北京:中国地图出版社,1982.
[26]王明哲,王炳华.乌孙研究[M].乌鲁木齐:新疆人民出版社,1983.
[27]台湾三军大学.中国历代战争史[M].台北:军事译文出版社,1983.
[28]邵台新.汉代对西域的经营[M].台北:辅仁大学出版社,1984.

[29]南京大学元史研究室.韩儒林文集[M].南京:江苏古籍出版社,1985.
[30]吴平凡,朱英荣.龟兹史料[M].乌鲁木齐:新疆大学出版社,1987.
[31]方国瑜.中国西南历史地理考释[M].北京:中华书局,1987.
[32]刘光华.汉代西北屯田研究[M].兰州:兰州大学出版社,1988.
[33]苏北海.西域历史地理[M].乌鲁木齐:新疆大学出版社,1988.
[34]苏北海.两汉经营西域之借鉴[M].乌鲁木齐:新疆大学出版社,1988.
[35]刘光华.中国古代西北历史资料辑录[M].兰州:兰州大学出版社,1988.
[36]杨建新.中国西北少数民族史[M].银川:宁夏人民出版社,1988.
[37]严耕望.中国地方行政制度史(甲部):秦汉地方行政制度[M].台北:中央研究院历史语言研究所,1989.
[38]林剑鸣.秦汉史[M].上海:上海人民出版社,1989.
[39]唐长孺.山居存稿[M].北京:中华书局,1989.
[40]马雍.西北史地文物丛考[M].北京:文物出版社,1990.
[41]张波.西北农牧史[M].西安:陕西科学技术出版社,1990.
[42]孟凡人.楼兰新史[M].北京:光明日报出版社,1990.
[43]陈力.战略地理论[M].北京:解放军出版社,1990.
[44]黄文弼.库鲁克塔格山中行[M]//黄文弼蒙新考察日记(1927—1930).北京:文物出版社,1990.
[45]薛英群.居延汉简通论[M].兰州:甘肃教育出版社,1991.
[46]李明伟.丝绸之路贸易史研究[M].兰州:甘肃人民出版社,1991.
[47]史念海.河山集[M].西安:陕西师范大学出版社,1991.
[48]吕一燃.中国边疆史地论集[M].哈尔滨:黑龙江教育出版社,1991.
[49]郭松義,张泽咸.中国屯垦史[M].北京:文津出版社,1992.
[50]李明伟.丝绸之路与西北经济社会研究[M].兰州:甘肃人民出版社,1992.
[51]刘锡淦等.龟兹古国史[M].乌鲁木齐:新疆大学出版社,1992.
[52]马大正,王嵘等.西域考察与研究[M].乌鲁木齐:新疆人民出版社,1994.
[53]王子今.秦汉交通史稿[M].北京:中央党校出版社,1994.
[54]赵俪生.古代西北屯田开发史[M].兰州:甘肃文化出版社,1994.
[55]余太山.两汉魏晋南北朝与西域关系史研究[M].北京:中国社会科学出版社,1995.

[56]李大龙.两汉时期的边政与边吏[M].哈尔滨:黑龙江教育出版社,1995.
[57]余太山.西域文化史[M].北京:中国友谊出版公司,1995.
[58]周伟洲.民族史研究[M].郑州:中州古籍出版社,1995.
[59]辛德勇.古代交通与地理文献研究[M].北京:中华书局,1996.
[60]王文楚.古代交通地理丛考[M].北京:中华书局,1996.
[61]吴廷桢,郭厚安.河西开发史研究[M].兰州:甘肃教育出版社,1996.
[62]余太山.西域通史[M].郑州:中州古籍出版社,1996.
[63]田继周.秦汉民族史[M].成都:四川民族出版社,1996.
[64]侯丕勋.历代经营西北边疆研究[M].兰州:甘肃文化出版社,1997.
[65]李清凌.西北经济史[M].北京:人民出版社,1997.
[66]赵俪生.古代西北屯田开发史[M].兰州:甘肃文化出版社,1997.
[67]王素.高昌史稿·统治篇[M].北京:文物出版社,1998.
[68]陈梧桐等.西汉军事史[M]//中国军事通史.北京:军事科学出版社,1998.
[69]宋杰.先秦战略地理研究[M].北京:首都师范大学出版社,1999.
[70]马大正.中国边疆经略史[M].郑州:中州古籍出版社,2000.
[71]王三北.西北开发决策思想史(古代卷)[M].兰州:甘肃人民出版社,2000.
[72]董良庆.战略地理学[M].北京:国防大学出版社,2000.
[73]王素.高昌史稿(交通编)[M].北京:文物出版社,2000.
[74]王宗维.汉代丝绸之路的咽喉——河西路[M].北京:昆仑出版社,2001.
[75]赵云田.中国治边机构史[M].北京:中国藏学出版社,2002.
[76]《中国军事史》编写组.中国历代战争年表(上)[M].北京:解放军出版社,2002.
[77]陈良伟.丝绸之路河南道[M].北京:中国社会科学出版社,2002.
[78]李大龙.都护制度研究[M].哈尔滨:黑龙江教育出版社,2003.
[79]顾颉刚.西北考察日记[M]//中国西北文献丛书(第107册).兰州:兰州古籍出版社,2003.
[80]林兢.西北丛编[M]//中国西北文献丛书(第122册).兰州:兰州古籍出版社,2003.
[81]陈世明,吴福环.二十四史两汉时期西域史料校注[M].乌鲁木齐:新疆大学出版社,2003.

[82]李振宏.居延汉简与汉代社会[M].北京:中华书局,2003.
[83]彭建英.中国古代羁縻政策的演变[M].北京:中国社会科学出版社,2004.
[84]岑仲勉.汉书西域传地理校释[M].北京:中华书局,2004.
[85]孟宪实.汉唐文化与高昌历史[M].济南:齐鲁书社,2004.
[86]齐清顺,田卫疆.中国历代中央王朝治理新疆政策研究[M].乌鲁木齐:新疆人民出版社,2004.
[87]谷苞.西北通史(第一卷)[M].兰州:兰州大学出版社,2004.
[88]顾颉刚,史念海.中国疆域沿革史[M].北京:商务印书馆,2004.
[89]李孝聪.中国区域历史地理[M].北京:北京大学出版社,2004.
[90]田余庆.秦汉魏晋史探微(重订本)[M].北京:中华书局,2004.
[91]余太山.两汉魏晋南北朝正史西域传要注[M].北京:中华书局,2005.
[92]吴礽骧.河西汉塞调查与研究[M].北京:文物出版社,2005.
[93]廖伯源.使者与官制演变:秦汉皇帝使者考论[M].北京:文津出版社,2006.
[94]马大正等.新疆史鉴[M].乌鲁木齐:新疆人民出版社,2006.
[95]马长寿.氐与羌[M].南宁:广西师范大学出版社,2006.
[96]安介生.历史民族地理(上)[M].济南:山东教育出版社,2007.
[97]石云涛.二至六世纪丝绸之路的变迁[M].北京:文化艺术出版社,2007.
[98]薛正昌.夏历史文化地理[M].银川:宁夏人民出版社,2007.
[99]黄朴民.秦汉统一战略研究[M].北京:中国人民大学出版社,2007.
[100]陈序经.匈奴史稿[M].北京:中国人民大学出版社,2007.
[101]高荣.先秦汉魏河西史略[M].天津:天津古籍出版社,2007.
[102]张灿辉.两汉魏晋凉州政治史研究[M].长沙:岳麓书社,2008.
[103]侯丕勋,刘再聪.西北边疆历史地理概论[M].兰州:甘肃人民出版社,2008.
[104]金玉国.中国战术史[M].北京:解放军出版社,2008.
[105]王明列.游牧者的选择:面对汉帝国的北亚游牧部族[M].南宁:广西师范大学出版社,2008.
[106]余太山.早期丝绸之路文献研究[M].上海:上海人民出版社,2009.
[107]王炳华.西域考古文存[M].兰州:兰州大学出版社,2009.
[108]郝树声,张德芳.悬泉汉简研究[M].兰州:甘肃文化出版社,2009.

[109]丁笃本.丝绸之路古道研究[M].乌鲁木齐:新疆人民出版社,2010.

[110]王利器.盐铁论校注(定本)[M].北京:中华书局,2010.

[111]张平.龟兹文明:龟兹史地考古研究[M].北京:中国人民大学出版社,2010.

[112]陈苏镇.《春秋》与“汉道”:两汉政治与政治文化研究[M].北京:中华书局,2011.

[113]王云度.秦汉史编年[M].南京:凤凰出版社,2011.

[114]李大龙.汉代中国边疆史[M].哈尔滨:黑龙江教育出版社,2012.

[115]黎明钊.汉帝国的制度与社会秩序[M].香港:牛津大学出版社,2012.

[116]田澍,何玉红.丝绸之路研究:交通与文化[M].兰州:甘肃文化出版社,2013.

[117]黎虎.汉代外交体制研究[M].北京:商务印书馆,2014.

(二)国内论文

[1]丁谦.汉书西域传地理考证一卷[J].浙江图书馆丛书,1915(1).

[2]张仲和.张骞与西域[J].成大史学杂志,1930(1—2).

[3]张耀庚.汉代西域之边患[J].新亚细亚,1934(8).

[4]郜英.汉代的西域交通[J].西北论衡,1940(24).

[5]韩儒林.汉代西域屯田与车师伊吾的争夺[J].文史杂志,1941(2卷2期)//匈奴史论文集(1919—1979).北京:中华书局,1983.

[6]韩儒林.汉代西域屯田与车师伊吾的争夺补记[J].文史杂志,1942(2卷4期).

[7]陈安仁.汉代对西域交通与中国文化之影响[J].东方杂志,1946(42卷2期)//西北史地论丛(第二辑).上海:上海人民出版社,1985.

[8]黄文弼.古楼兰国历史及其在中西交通史上之地位[J].史学集刊,1947(5)//西北史地论丛(第二辑).上海:上海人民出版社,1985.

[9]张春树.试论汉武帝时屯田仑头(轮台)的问题[J].大陆杂志,1947(48卷4期).

[10]黄文弼.古楼兰国历史及其在中西交通上之地位(附图)[J].史学集刊,1947(5).

[11]黄文弼.汉通西域后对西域之影响[J].中国西北科学考察团丛刊,1948//西北史地论丛(第二辑).上海:上海人民出版社,1985.

[12]岑仲勉.历代西疆路程简述[J].西北论坛,1948(1卷6期).

[13]姚鉴.张骞通西域[J].历史教学,1954(10).

[14]劳幹.两汉政府在西域的经营[J].新疆研究,1964.

[15]吴其昌.两汉边政的借鉴[J].边疆论文集,1964.

[16]宋龙泉.西汉经营西域之政策[J].中国边政,1967(19).

[17]宋龙泉.前汉时西域经济概观[J].中国边政,1970(32).

[18]管东贵.汉代屯田与开边[J].历史语言研究所集刊,第 45 本第 1 分,1973.

[19]孟池.从新疆历史文物看汉代在西域的政治措施和经济建设[J].文物,1975(7).

[20]贾应逸.汉代西域都护府的由来:兼谈郑吉的历史功绩[J].新疆大学学报,1977(1).

[21]汪宁生.汉晋西域与祖国文明[J].考古学报,1977(1).

[22]孙培良.丝绸之路概述[J].陕西师范大学学报,1978(3).

[23]黎虎.解忧公主出塞的历史贡献[J].北京师范大学学报,1979(4).

[24]苏诚鉴.谈《史记・大宛列传》叙大宛之役[J].历史研究,1979(12).

[25]马国荣.汉代新疆与内地的经济文化联系[J].新疆史学,1979(1).

[26]徐伯夫.古代新疆与祖国内地的商业来往[J].新疆史学,1979(1).

[27]刘戈.试论张骞通西域[J].新疆史学,1979(1).

[28]胡四维著,耿升摘译.汉代丝绸贸易考[J].中国史研究动态,1980(11).

[29]杨建新.关于汉代乌孙的几个问题[J].新疆大学学报,1980(2).

[30]侯灿.试论西域戊己校尉[J].新疆史学,1980(1).

[31]任崇岳.汉代和亲政策的几个问题[J].历史教学,1980(5).

[32]佟柱臣.从考古材料看汉、唐对西域的管辖[J].社会科学战线,1981(4).

[33]刘光华.也谈汉代的乌孙[J].新疆大学学报,1981(3).

[34]林幹.乌孙及其与西汉王朝的关系[J].新疆社会科学,1981(4).

[35]卢苇.丝绸之路的出现和开通[J].西北史地,1981(1).

[36]潘策.秦汉时期的月氏、乌孙和匈奴及河西四郡的设置[J].西北师大学报,1981(3).

[37]钱伯泉.西汉时期西域的人口和社会经济情况:《汉书・西域传》研究[J].新疆社会科学研究,1982(24).

[38]肖黎.也谈如何评价西汉"和亲"问题[J].北方论丛,1982(2).

[39]孟凡人.车师后部史中若干问题的探讨[J].文史(第 16 辑),北京:中华

书局,1982.
[40]王炳华,王明哲.乌孙历史上几个重大问题的探讨[J].新疆社会科学,1982(3).
[41]邢义田.汉代的以夷制夷论[C]//中国史论文集(二).台北:幼狮文化事业公司,1983.
[42]林幹.匈奴诸王驻牧地考[C]//匈奴史论文选集.北京:中华书局,1983.
[43]苏北海.论汉武帝征大宛[J].新疆师范大学学报,1983(1).
[44]刘锡淦.关于西域都护与僮仆都尉问题的质疑[J].新疆大学学报,1983(1).
[45]刘光华.段会宗在西域活动的年代背景及其评价[J].兰州大学学报,1983(1).
[46]秦卫星.班超与西域[J].新疆大学学报,1983(1).
[47]侯灿.汉晋时期的西域戊己校尉[J].西北史地,1983(3).
[48]张荣芳.西汉屯田与丝绸之路[J].中国史研究,1983(4).
[49]维衍.西汉时期的西域都护府[J].文史知识,1983(4).
[50]哈建华.有关西域都护建置的年代问题[J].历史教学,1983(3).
[51]陈连庆.汉代兵制述略[J].史学集刊,1983(2).
[52]王明哲.论汉代乌孙对伊犁河流域的开发:关于汉代乌孙族人口发展问题的研究[J].新疆社会科学,1983(1).
[53]苏治光.东汉后期至北魏对西域的管辖[J].中国史研究,1984(2).
[54]陈连庆.西汉与新莽时期的少数民族士兵[J].史学集刊,1984(2).
[55]侯灿.论楼兰城的发展及其衰废[J].中国社会科学,1984(2).
[56]王宗维.张骞出使西域的路线[J].西北大学学报,1984(4).
[57]王炳华.西汉以前新疆和中原地区历史关系考察[J].新疆大学学报,1984(4).
[58]钱伯泉.西域的羌族[J].西北史地,1984(1).
[59]王伯玉.试谈汉武帝伐大宛[J].中亚研究资料,1984(2).
[60]何芳川.试谈两汉时期西域诸国的国家形态[J].历史教学,1984(8).
[61]莫任南.匈奴分裂的原因和呼韩邪附汉的意义[J].湖南师专学报,1984(2).
[62]黄靖.大月氏的西迁及其影响[J].新疆社会科学,1985(2).
[63]张春树.汉代丝绸之路的开拓与发展[J].食货,1985(15卷1、2).

[64]彭慧敏.两汉在西域屯田论述[J].新疆大学学报,1985(1).
[65]李开元.论汉伐大宛和汉朝的西方政策[J].西北史地,1985(1).
[66]赵汝清.浅评李广利伐大宛在中西交通史上的作用[J].宁夏大学学报,1985(2).
[67]周振鹤.西汉西域都护所辖诸国考[J].新疆大学学报,1985(2).
[68]翟宛华.论西汉与乌孙的和亲[J].西北史地,1985(4).
[69]李吉寅.汉代西北民屯结构辨析[J].甘肃社会科学,1985(1).
[70]刘锡淦等.试论汉匈之争的初期战略及在西域的对抗[J].新疆大学学报,1985(4).
[71]王宗维.汉代河西与西域的相互关系[J].新疆社会科学,1985(3).
[72]宋肃瀛.常惠和段会宗西域事迹考析[C]//西北史地论丛(第二辑).上海:上海人民出版社,1985.
[73]马国荣.浅谈汉代西域屯田[C]//西域史论丛(第一辑).乌鲁木齐:新疆人民出版社,1985.
[74]阎文儒,陈玉龙.向达先生纪念论文集[M].乌鲁木齐:新疆人民出版社,1986.
[75]陈慧生.两汉屯田和统一新疆的关系[C]//秦汉史论丛(第三辑).西安:陕西人民出版社,1986.
[76]朱振杰."凿空"前西域和内地的联系[J].新疆社会科学,1986(2).
[77]刘洪波.关于西域都护的始置时间[J].中国史研究,1986(3).
[78]岳庆平.论汉武帝伐宛的原因及其目的[J].社会科学辑刊,1987(1).
[79]马国荣.汉朝中央政府对新疆的行政管理[J].新疆社会科学,1987(3).
[80]兰奇光.汉武帝伐大宛新解[J].衡阳师专学报,1987(4).
[81]张启深.关于东汉兵制的几个问题[J].安徽史学,1987(4).
[82]黄烈."守白力""守海"文书与通西域道路的变迁[M]//中国古代民族史研究.北京:人民出版社,1987.
[83]张玉忠.汉代以前车师人的社会经济生活[J].新疆社会科学,1987(3).
[84]刘光华.张骞与西汉中期的"断匈奴右臂"的战略[J].西北民族研究,1988(1).
[85]吴平凡.试论龟兹与中原王朝的友好关系[J].新疆大学学报,1988(1).
[86]龙玉梅.乌孙与西汉王朝关系述论[J].西北民族学院学报,1988(4).
[87]张京华.汉光武帝对西域属国的政策[J].理论学刊,1988(5).

[88]丁忠林.汉代西域都护设置年代考[J].历史教学问题,1988(3).
[89]余太山.乌孙考[J].西北史地,1988(1).
[90]余太山.《汉书·西域传》所见塞种[J].新疆社会科学,1989(1).
[91]李大龙.略论西汉时期陈汤经营西域[J].民族研究,1989(5).
[92]李大龙.西汉西域屯田与使者校尉考辨[J].西北史地,1989(3).
[93]李大龙.西汉的郎官及其在治理西域中的作用[J].新疆社会科学,1989(6).
[94]钮仲勋.论汉代经营西域之战略形势[J].山西师范大学学报,1989(1).
[95]黄今言.汉代征兵制度中若干问题的考辨[J].江西师范大学学报,1989(2).
[96]马雍.东汉《曹全碑》中有关西域的重要史料[M]//西域史地文物丛考.北京:文物出版社,1990.
[97]林剑鸣.西汉戊己校尉考[J].历史研究,1990(2).
[98]余太山.大夏和大月氏综考[J]//中亚学刊(第3辑).北京:中华书局,1990.
[99]马雍.从新疆历史文物看汉代在西域的政治措施和经济建设[M]//西域史地文物丛考.北京:文物出版社,1990.
[100]张正明.和亲论[J]//中国古代边疆政策研究.北京:中国社会科学出版社,1990.
[101]翟婉华.西汉在西北的屯田及其经济效益[J].西北史地,1990(4).
[102]李大龙.西汉派往西域的使者述论[J].民族研究,1990(6).
[103]李大龙.西域都护略论[J].中国边疆史地研究,1991(2).
[104]苗普生.匈奴日逐王考[J].新疆文物,1991(3).
[105]余太山.大宛和康居综考[J].西北民族研究,1991(1).
[106]余太山.关于鄯善都城的位置[J].西北史地,1991(2).
[107]余太山.安息与乌弋山离考[J].敦煌学辑刊,1991(2).
[108]晓克.论新莽时期的汉匈关系[J].内蒙古社会科学,1991(2).
[109]徐杰舜.秦汉民族政策特点初论[J].贵州民族研究(季刊),1992(2).
[110]胡平生.敦煌马圈湾汉简中关于西域史料的辩证[M]//汉简研究的现状与展望.大阪:日本关西大学出版部,1992.
[111]余太山.罽宾考[J].西域研究,1992(1).
[112]殷晴.汉唐西域民族政策述论[J].西北民族研究,1992(1).

[113]莫任南.匈奴对汉王朝的政策[J].中国边疆史地研究,1992(4).
[114]余太山.张骞西使新考[J].西域研究,1993(1).
[115]李大龙.西域都护的设立不是乌孙和西汉关系转变的标志[J].西域研究,1993(1).
[116]余太山.东汉与西域关系述考[J].西北民族研究,1993(2).
[117]李并成.汉敦煌郡的乡、里、南境塞墙和烽燧系统考[J].敦煌研究,1993(2).
[118]张启深.论窦宪击北匈奴[J].安徽史学,1993(3).
[119]赵评春.西汉玉门关、县及其长城建置时序考[J].中国历史地理论丛,1994(2).
[120]余太山.西汉与西域关系述考[J].西北民族研究,1994(1—2).
[121]余太山.两汉戊己校尉考[J].史林,1994(1).
[122]洪涛.关于乌孙研究的几个问题[J].中央民族大学学报,1994(2).
[123]施丁.汉代轮台屯田的上限问题[J].中国史研究,1994(4).
[124]高荣.汉代对西北边疆的经营管理[J].中国边疆史地研究,1994(4).
[125]莫任南.论傅介子出使西域的历史功绩[J].湖南师范大学学报,1994(5).
[126]洪涛.关于乌孙研究的几个问题[J].中央民族大学学报,1994(2).
[127]张玉强.汉简文书传递制度述论[J].人文杂志,1994(5).
[128]饶瑞符.汉唐时代米兰屯田水利初探[C]//水利史研究会成立大会论文集.北京:水利电力出版社,1994.
[129]余太山.两汉魏晋南北朝时期西域的绿洲大国称霸现象[J].西北史地,1995(4).
[130]田卫疆.西汉至清代新疆军政管理机构沿革述略[J].新疆地方志,1995(2).
[131]孙毓棠.汉代交通[C]//孙毓棠学术论文集.北京:中华书局,1995.
[132]王宗维.汉武帝的民族思想和政策[J].西北大学学报,1995(1).
[133]饶宗颐,李均明.新莽简辑证·天凤三年西域战役[J].台北:新文丰出版公司,1995.
[134]余太山.两汉西域都护考[M]//学术集林.上海:上海远东出版社,1995.
[135]李并成.河西走廊西部汉长城遗迹及其相关问题考[J].敦煌研究,

1995(2).
[136]张志坤.张骞出使西域路线辨正[J].中国人民大学学报,1995(3).
[137]吴明月.谈西汉时期汉人入居匈奴及其影响[J].内蒙古师范大学学报,1995(4).
[138]唐国军.论西汉王朝对匈奴的政策与其国力兴衰的关系[J].广西社会科学,1996(2).
[139]黄今言.说东汉在军制问题上的历史教训[J].南都学坛,1996(2).
[140]裘锡圭.读汉简札记[C]//中国社会科学院简帛研究中心.简帛研究(第二辑).北京:法律出版社,1996.
[141]李宝通.两汉楼兰屯戍源流述考[C]//甘肃文物考古研究所、西北师范大学历史系.简牍学研究(第一辑).兰州:甘肃人民出版社,1996.
[142]胡宏起.汉代兵力论考[J].历史研究,1996(3).
[143]苏北海.楼兰古道对汉朝统一西域及丝路的重大贡献[J].西北史地,1996(4).
[144]刘江波.西汉西域都护府的设立与首任西域都护——郑吉[J].新疆地方志,1996(2).
[145]张俊民.散见悬泉汉简[J].敦煌学辑刊,1997(2).
[146]刘彦威.西汉王朝的边疆经略[J].中国边疆史地研究,1997(3).
[147]余太山.《史记·大宛列传》与《汉书·张骞李广利传》《西域传》的关系[M]//学术集林(卷十一).上海:上海远东出版社,1997.
[148]马国荣.两汉新疆汉人的社会生活[J].新疆社科论坛,1997(1).
[149]余太山.两汉魏晋南北朝时期西域南北道绿洲诸国的"两属"现象——兼说贵霜史的一个问题[J].中国边疆史地研究,1997(2).
[150]龚荫.古代边疆民族地区屯垦开发概况[J].西南民族学院学报,1997(1).
[151]王治来.历史上汉族人向西北边疆的迁徙[J].西北史地,1997(1).
[152]田卫疆."西域"的概念及其内涵[J].西域研究,1998(4).
[153]张德阶.汉唐王朝与西域关系史略[J].吉首大学学报,1998(1).
[154]钮仲勋.两汉时期新疆的水利开发[J].西域研究,1998(2).
[155]余太山.两汉魏晋南北朝正史"西域传"所见西域族名、国名、王治名[C]//庆祝杨向奎先生教研六十年论文集.石家庄:河北教育出版社,1998.

[156]高荣.论两汉对羌民族政策与东汉羌族起义[J].广东社会科学,1998(3).

[157]杨永俊.论两汉时期羌汉战争中的“羌中之利”[J].西北史地,1998(3).

[158]杨永俊.对东汉“羌祸”的重新审视[J].西北史地,1999(1).

[159]余太山.两汉魏晋南北朝正史西域传的里数[J].文史(第47、48辑),1999(2、3).

[160]马国荣.西域都护府的建立及其历史作用[J].乌鲁木齐职业大学学报,1999(2).

[161]洪涛.西域都护府的建立及其历史地位[J].西域研究,1999(3).

[162]王炳华.樿揓考——兼论汉代礼制在西域[J].西域研究,1999(3).

[163]吴礽骧.敦煌悬泉遗址简牍整理简介[J].敦煌研究,1999(4).

[164]何双全.西汉与乌孙交涉史新证——悬泉汉简所见西域关系史之一[C].台北第一届简帛学术讨论会论文,1999年12月10—12日//国际简牍学会会刊.2002年第4号,台北:兰台出版社.

[165]何双全.汉与楼兰(鄯善)、车师(姑师)交涉史新证——悬泉汉简所见西域关系史之二[C].台北第一届简帛学术讨论会论文,1999年12月10—12日//国际简牍学会会刊.2002年第4号,台北:兰台出版社.

[166]赵贞.汉代戊己校尉阐释[J].敦煌研究,1999(4).

[167]宋凤兰.河西走廊绿洲生态系统及农业可持续发展[J].干旱区研究,1999(3).

[168]吴晓军.论西北地区生态环境的历史变迁[J].甘肃社会科学,1999(4).

[169]高荣.汉代戊己校尉述论[J].西域研究,2000(2).

[170]张建中.西汉前期的“汉人入匈”现象及分析[J].内蒙古大学学报,2000(2).

[171]张俊民.元康五年过长罗侯费用薄[J].陇右文博,2000(2).

[172]张德芳.《长罗侯费用薄》及长罗侯与乌孙关系考略[J].文物,2000(9).

[173]周泓.从考古资料看汉唐两朝对古代新疆的管辖经营[J].新疆师范大学学报,2000(10).

[174]余太山.汉晋正史西域传所见西域诸国的地望[J]//欧亚学刊(第2辑).北京:中华书局,2000.

[175]董建勇.两汉对西域的统治以及比较[J].兵团教育学院学报,2000(2).

[176]姚景洲,李艳华.解忧公主与汉代西域初探[J].东南文化,2000(3).

[177]陶新华.汉代的“发兵”制度[J].史学月刊,2000(2).
[178]龚留柱.“王者无外”和“夷夏之防”:秦汉时期边疆思想论略[J].南都学坛,2000(4).
[179]陈友冰.先秦两汉羁縻考[J].安徽史学,2000(1).
[180]杨永俊.略论汉代陇右地方势力的兴起及其与羌胡的关系[J].敦煌学辑刊,2000(2).
[181]陈晓鸣.两汉边防兵制若干问题之比较:以西、北地区为中心[J].史学月刊,2001(2).
[182]张俊民.“北胥鞬”应是“比胥鞬”[J].西域研究,2001(1).
[183]胡宏起.汉代中国与中西亚诸国[J].南昌大学学报,2001(1).
[184]张静.略论班勇与西域的关系[J].新疆社科论坛,2001(4).
[185]卢星,赵明.论耿秉在汉灭北匈奴之战中的战略思想[J].江西社会科学,2001(12).
[186]李炳泉.西汉西域渠犁屯田考论[J].西域研究,2002(1).
[187]张德芳.从悬泉汉简看两汉西域屯田及其意义[J].敦煌研究,2002(2).
[188]赵梅春.王符的治边思想[J].中国边疆史地研究,2002(2).
[189]李炳泉.两汉戊己校尉建制考[J].史学月刊,2002(6).
[190]郝树声.浅谈李广利伐大宛的功过是非[J].甘肃社会科学,2002(4).
[191]殷晴.悬泉汉简和西域史事[J].西域研究,2002(3).
[192]袁延胜.西汉分立乌孙两昆弥为甘露二年辨[J].洛阳工学院学报,2002(9).
[193]刘国防.汉西域都护的始置及其年代[J].西域研究,2002(3).
[194]刘磐修.汉代河西地区的开发[J].史学研究,2002(11).
[195]袁延胜.也谈《过长罗侯费用薄》的史实[J].敦煌研究,2003(1).
[196]李炳泉.西汉西域伊循屯田考论[J].西域研究,2003(2).
[197]朱宏斌.两汉西域屯田及其在中西农业科技文化交流中的作用[J].中国农史,2003(2).
[198]贾丛江.西汉属部朝贡制度[J].西域研究,2003(4).
[199]上官绪智.两汉政权“以夷制夷”策略的具体运用及其影响[J].南阳师范学院学报,2003(4).
[200]李炳泉.关于汉代西域都护的两个问题[J].民族研究,2003(6).
[201]孟宪实.西汉戊己校尉新论[J].广东社会科学,2004(1).

[202]张德芳.悬泉汉简中若干西域资料考论[M]//荣新江,李孝聪.中外关系史:新史料与新问题.北京:科学出版社,2004.

[203]王素.悬泉汉简所见康居史料考释[M]//荣新江,李孝聪.中外关系史:新史料与新问题.北京:科学出版社,2004.

[204]李炳泉.西汉中垒校尉"外掌西域"新证[J].西域研究,2004(3).

[205]王素.高昌戊己校尉的废置——高昌戊己校尉研究系列之三[J].吐鲁番学研究,2004(2).

[206]梁锡锋.汉代乘传制度探讨[J].河南师范大学学报,2004(2).

[207]周学锋.简析汉匈争夺西域之战与两汉时期中央政府西进策略[J].兵团教育学院学报,2004(2).

[208]李正周.东汉"三绝三通"西域与"羌祸"之关联[J].烟台师范学院学报,2004(3).

[209]贾丛江.关于西汉时期西域汉人的几个问题[J].西域研究,2004(4).

[210]黄今言.两汉边防战略思想的发展及其主要特征[J].中国边疆史地研究,2004(1).

[211]王力.西羌内迁述论[J].贵州民族研究,2004(4).

[212]王素.高昌戊己校尉的设置——高昌戊己校尉研究系列之一[J].新疆师范大学学报,2005(3).

[213]王素.高昌戊己校尉的组织——高昌戊己校尉研究系列之二[J].中国历史文物,2005(4).

[214]刘光华.关于西汉郅支城之战[J].西北第二民族学院学报,2005(1).

[215]袁延胜.悬泉汉简所见汉代乌孙的几个年代问题[J].西域研究,2005(4).

[216]崔明德.中国古代和亲与丝绸之路的拓展[J].中国边疆史地研究,2005(2).

[217]汪桂海.敦煌简牍所见汉朝与西域的关系[J]//武汉大学简帛中心.简帛(第一辑).上海:上海古籍出版社,2006.

[218]周学峰,沈莉.两次"天马战争"的原因及对西汉经营西域的影响[J].石河子大学学报,2006(5).

[219]刘国防.西汉比胥鞬屯田与戊己校尉的设置[J].西域研究,2006(4).

[220]石少颖.乌孙归汉与西汉外交[J].湖北大学学报,2006(3).

[221]俄琼卓玛.汉代西域译长[J].西域研究,2006(2).

[222]贾丛江.西汉戊己校尉的名和实[J].中国边疆史地研究,2006(4).
[223]何海龙.从悬泉汉简谈西汉与乌孙的关系[J].求索,2006(3).
[224]余太山.《魏略·西戎传》要注[J].中国边疆史地研究,2006(2).
[225]梁安和.西汉政府对西域的开发[J].西北大学学报,2006(3).
[226]侯晓星.略论西汉武昭宣时期的西域民族政策[J].广西民族学院学报,2006(6).
[227]孙占宇.马圈湾汉简所见一次发生在车师的战争[J].敦煌学辑刊,2006(3).
[228]于振波.从籴粟记录看汉代对西北边塞的经营——读《额济纳汉简》札记[J].中国社会经济史研究,2006(4).
[229]黄兆宏.元狩二年霍去病西征路线考释——兼谈汉唐时期东段丝绸之路北道[J].兰州大学学报,2006(6).
[230]孙占宇.敦煌汉简王莽征伐西域战争史料研究综述[J].西域研究,2006(3).
[231]王新文.试论地缘条件对汉匈关系发展的影响[J].西安电子科技大学学报,2007(5).
[232]张运德.两汉时期西域屯垦的基本特征[J].西域研究,2007(3).
[233]李大龙.关于藩属体制的几个理论问题——对中国古代疆域理论发展的理论阐释[J].学习与探索,2007(4).
[234]孙立舟.西汉时期东亚国际体系的两极格局分析[J].世界经济与政治,2007(8).
[235]熊贵平.以夷制夷方略及其在汉代形成和发展的原因探析[J].江西师范大学学报,2007(6).
[236]薛宗正.西汉的使者校尉与屯田校尉[J].新疆社会科学,2007(5).
[237]刘永强.汉通西域时西域各国经济构成研究[J].甘肃社会科学,2007(5).
[238]马晓丽.汉武帝民族关系思想的演变——以汉与匈奴的关系为例[J].齐鲁学刊,2007(4).
[239]刘运动.论西汉对匈奴与西域诸国的经济文化渗透[J].石河子大学学报,2007(6).
[240]胡玉春.南匈奴与东汉的政治关系及其社会变革[J].内蒙古社会科学,2007(6).

[241]任克良."两汉"经营龟兹及西域方略浅析[J].新疆地方志,2008(3).
[242]李大龙.边吏与古代中国疆域的形成——以两汉为中心[J].云南师范大学学报,2008(6).
[243]李炳泉.两汉"西域副校尉"略考[J].史学月刊,2008(12).
[244]谢彦明.西汉中垒校尉职掌考辨[J].中南民族大学学报,2008(1).
[245]贾丛江.西汉伊循职官考疑[J].西域研究,2008(4).
[246]王勖.东汉羌汉战争动因新探[J].中国边疆史地研究,2008(2).
[247]张德芳.从悬泉汉简看楼兰(鄯善)同汉朝的关系[J].西域研究,2009(4).
[248]张安福.汉武帝经略西域的策略研究[J].史林,2009(6).
[249]高荣.论汉武帝"图制匈奴"战略与征伐大宛[J].西域研究,2009(2).
[250]冯勇刚.论汉武帝反击匈奴和经营西北边疆的政策[J].重庆科技学院学报,2009(11).
[251]陈金凤,张丽君.汉光武帝西域政策探微[J].咸阳师范学院学报,2009(1).
[252]同利军.汉朝与匈奴战争述评[J].军事历史,2009(1).
[253]张胡玲.两汉时期质子制度的时代特色[J].华夏文化,2009(2).
[254]王子今."西域"名义考[J].清华大学学报,2010(3).
[255]殷晴.汉代丝路南北道研究[J].新疆社会科学,2010(1).
[256]周建.浅谈西汉戊己校尉的命名[J].丝绸之路,2010(2).
[257]李文英.两汉西域质子制度特点新探[J].青年文学家,2010(2).
[258]张安福,英宝军.西汉屯田西域的战略考量分析[J].临沂师范学院学报,2010(1).
[259]李大龙.两汉王朝治理西域的经验与教训[J].北方民族大学学报,2010(5).
[260]魏贤玲.西汉与西域各国之间质子关系述略[J].佳木斯大学社会科学学报,2011(5).
[261]王文涛.简论汉朝与龟兹以和睦友好为主流的交往[J].湖湘论坛,2011(1).
[262]刘辉.西汉西北屯田与边塞守御之关联及其演变[J].安庆师范学院学报,2011(5).
[263]张德芳.郑吉"数出西域"考论[J].西域研究,2011(2).

[264]崔丽芳.西汉使节出使域外动机探析[J].安顺学院学报,2011(3).
[265]马智全.汉简所见西汉与车师的交往[J].鲁东大学学报,2011(3).
[266]王兴峰,王逸之.西汉使者冯奉世经略边疆述论[J].乐山师范学院学报,2011(1).
[267]林永强.汉朝对归附匈奴的军政管理措施考论[J].军事历史研究,2011(3).
[268]马智全.戊己校尉的设立及其属吏秩次论考[J].丝绸之路,2012(6).
[269]黄红.两汉时期的大宛[J].兰台世界,2012 年 1 月下旬.
[270]马智全.论汉简所见汉代西域归义现象[J].中国边疆史地研究,2012(4).
[271]王子今.匈奴控制背景下的西域商贸[J].社会科学,2013(2).
[272]殷晴.汉代西域人士的中原憧憬与国家归向——西域都护府建立后的态势与举措[J].西域研究,2013(1).
[273]李炳泉.甘延寿任西域使职年代考——兼及冯嫽在册封乌孙两昆弥事件中的活动[J].西域研究,2013(3).
[274]张俊民.西汉楼兰、鄯善简牍资料钩沉[J].鲁东大学学报,2013(4).
[275]刘春雨.从悬泉汉简中的使者看西域与内地的关系[J].中州学刊,2013(6).
[276]王文光,尤伟琼.从《史记·大宛列传》看汉王朝对西北民族的治理及对中亚、南亚民族的认识[J].学术探索,2013(2).
[277]林梅村.大月氏人的原始故乡——兼论西域三十六国之形成[J].西域研究,2013(2).
[278]王子今,乔松林."译人"与汉代西域民族关系[J].西域研究,2013(1).
[279]邢晋源.汉武昭宣时期对匈奴政策研究[J].长春教育学院学报,2013(9).
[280]李大龙.关于中国古代治边政策的几点思考——以"羁縻"为中心[J].史学集刊,2014(4).
[281]张倩.汉武帝在西域的民族政策研究[J].民族论坛,2014(5).
[282]陈文祥,李强.论纳质制度与中国古代藩属体制的构建——以汉王朝在西域的活动为例[J].石河子大学学报,2014(4).
[283]陈跃.论汉代西域的人口迁移[J].石河子大学学报,2014(1).
[284]张德芳.西北汉简中的丝绸之路[J].中原文化研究,2014(5).

[285]李锦绣.汉唐经营西域目的比较[J].史林,2014(4).

[286]张德芳.汉帝国在政治军事上对丝绸之路交通体系的支撑[J].甘肃社会科学,2015(2).

[287]郝树声.汉简中的大宛和康居——丝绸之路与中西交往研究的新资料[J].中原文化研究,2015(2).

[288]朱绍侯.两汉对匈奴西域西羌战争战略研究[J].史学月刊,2015(5).

[289]申超.汉代西域长史略论[J].中国边疆史地研究,2015(1).

[290]谢绍鹢.汉代西北边郡代管边外事务试析[J].西域研究,2015(2).

(三)学位论文

[1]吴军.汉简中河西边郡的防御组织研究[D].兰州:西北师范大学,2001.

[2]王庆宪.匈奴与西汉关系史研究[D].呼和浩特:内蒙古大学,2003.

[3]安梅梅.西汉的属国制度[D].兰州:西北师范大学,2005.

[4]李培志.论两汉中原王朝对西域的经略[D].烟台:鲁东大学,2007.

[5]李蕾.汉简所见西域边吏考释[D].北京:中国人民大学,2007.

[6]特日格乐.西北简牍所见汉匈关系若干问题研究[D].呼和浩特:内蒙古大学,2007.

[7]邝盛彦.东汉民族政策研究[D].苏州:苏州大学,2008.

[8]屈罗木图.匈奴对西域的统治及统治措施[D].呼和浩特:内蒙古大学,2008.

[9]刘永强.两汉时期的西域及其经济开发研究[D].兰州:西北师范大学,2009.

[10]冯勇刚.汉武帝时期西北边防的研究[D].西宁:青海师范大学,2010.

[11]谢绍鹢.秦汉西北边地治理研究[D].西安:西北大学,2010.

[12]张建.西汉时期的西域都护研究[D].兰州:西北师范大学,2010.

[13]贾文丽.汉代河西军事地理研究[D].北京:首都师范大学,2011.

[14]陈功.敦煌汉简中的农业[D].兰州:西北师范大学,2012.

[15]贾伟.秦汉时期河南地及其周边地区军事地理研究[D].呼和浩特:内蒙古大学,2013.

[16]邓春燕.新莽时期的民族关系与民族政策[D].扬州:扬州大学,2013.

(四)国外论著

[1][英]斯坦因.西域考古记[M].向达,译.北京:中华书局,1936.

[2][日]伊濑仙太郎.汉代的西域经营[J].史海,1954(1).

[3][美]麦高文.中亚古国史[M].北京:中华书局,1958.

[4][日]伊濑仙太郎.中国西域经营史研究[M].东京:严南堂书店,1981.

[5]冀朝鼎.中国历史上的基本经济区与水利事业的发展[M].朱诗鳌,译.北京:中国社会科学出版社,1981.

[6][美]威尔伯·施拉姆,威廉·波特.传播学概论[M].陈亮,等译.北京:新华出版社,1984.

[7][日]松田寿男.古代天山历史地理研究[M].陈俊谋,译.北京:中央民族学院出版社,1987.

[8][英]崔瑞德,鲁惟一.剑桥中国秦汉史[M].北京:中国社会科学出版社,1992.

[9][英]斯坦因.西域考古图记[M].南宁:广西师范大学出版社,2000.

[10][英]鲁惟一.汉代行政记录[M].于振波,车令花,译.南宁:广西师范大学出版社,2001.

[11][日]大庭脩.汉简研究[M].南宁:广西师范大学出版社,2001.

[12][日]桑原骘藏.张骞西征考[M]//中国西北文献丛书(第113册).杨錬,译.兰州:兰州古籍出版社,2003.

[13][法]伯希和等.西域南海史地考证译丛[M]//中国西北文献丛书(第114册).冯承钧,译.兰州:兰州古籍出版社,2003.

[14][法]鲁保罗.西域的历史与文明[M].耿昇,译.北京:人民出版社,2012.